Le médecin devant le juge

Questions contemporaines

Collection dirigée par B. Péquignot, D. Rolland et Jean-Paul Chagnollaud

Chômage, exclusion, globalisation… Jamais les « questions contemporaines » n'ont été aussi nombreuses et aussi complexes à appréhender. Le pari de la collection « Questions contemporaines » est d'offrir un espace de réflexion et de débat à tous ceux, chercheurs, militants ou praticiens, qui osent penser autrement, exprimer des idées neuves et ouvrir de nouvelles pistes à la réflexion collective.

Dernières parutions

Georges KORNHEISER, *Le capitalisme, cancer de l'humanité*, 2015.
Florent VILLARD, *Critique de la vie quotidienne en Chine à l'aube du XXIe siècle*, 2015.
Julien PEQUIGNOT, François-Gabriel ROUSSEL (Dir.), *Les métavers, Dispositifs, usages et représentations*, 2015
Michelle BERGADAA, *Le plagiat académique. Comprendre pour agir*, 2015.
Walter GERBIN, *Civilisation. De la fabrique d'un concept à la fabrique d'une guerre*, 2015.
Julien DEMADE, *Les embarras de Paris, ou l'illusion techniciste de la politique parisienne des déplacements*, 2015
Arnaud RICHARD, Fred HAILON, Nahida GUELIL, *Le discours politique identitaire dans les médias*, 2015
Jean Joseph PALMIER, *Que faire des minorités visibles ?, L'exemple de Gaston Monnerville, Président du Sénat*, 2015
Abdelkrim BOUHOUT, *Essai sur la visibilité des migrants relégués*, 2015.
Philippe NADIN, *Un néo-fascisme à la française*, 2015.
Morgane COUAPEL, *L'éthique, une si belle utopie, 2015.*
Pascal MOUNIER, *Plaidoyer pour une démocratie populaire*, 2015.
Philippe JOURDAIN, *Pour un humanisme durable*, 2015.
Michel MENEAULT, Jean-Claude AUZOUX, *Pour une aide au développement enfin efficace et durable*, 2015.
Arno MUNSTER, *Jean Jaurès : un combat pour la laïcité, la République, la justice sociale et la paix*, 2015.
Alain DULOT, *Impasse de l'école. Réflexions sur une institution en panne*, 2015.
Cyril BOISNIER, *Les sociétés foncières entre finance et ville durable*, 2015.
Michel MANAVELLA, *L'individu : raison d'être de l'humanité, Pour un anarchisme humaniste,* 2015.

Béatrice GRANDORDY

Le médecin devant le juge

Fait-il face à une « menace aggravée » du pénal ?

Préface de Patrick Desmure
Postface d'Alain Haertig

L'Harmattan

5-7, rue de l'Ecole-Polytechnique, 75005 Paris

http://www.harmattan.fr
diffusion.harmattan@wanadoo.fr
harmattan1@wanadoo.fr

ISBN : 978-2-343-07380-4
EAN : 9782343073804

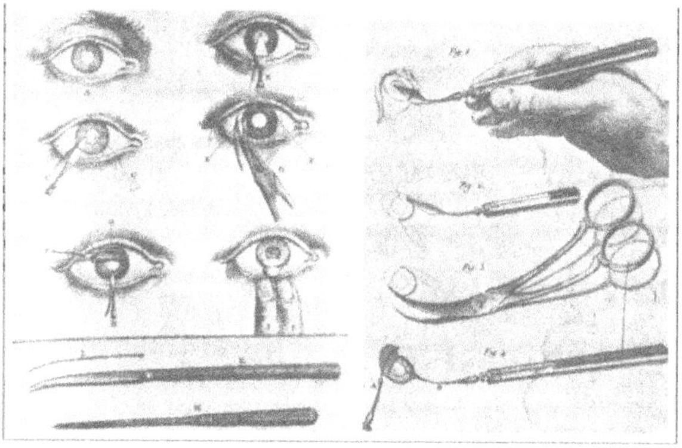

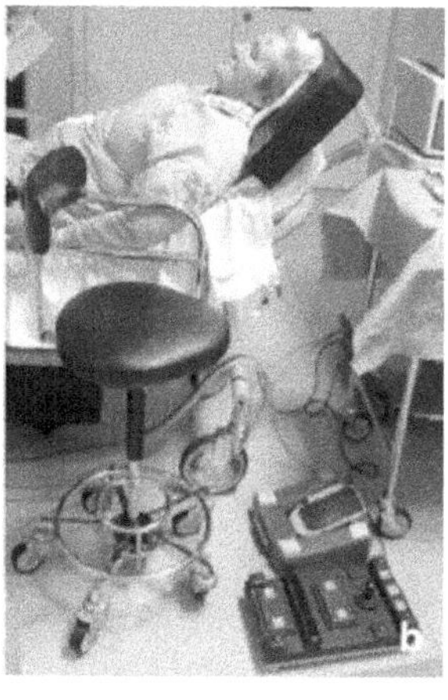

L'opération de la cataracte, en Inde au XVe siècle ; par Jacques Daviel au XVIIIe, qui invente la chirurgie réglée et détermine la voie d'abord du cristallin, la moins délabrante possible, de façon raisonnée ; de nos jours, en asepsie.

Pour le lecteur

Prenons l'histoire naturelle de l'œil et de la vision, sensorielle et cognitive, comme paradigme de ce texte.

La couverture de cet ouvrage cite l'image célèbre de « Le Chien Andalou », de Luis Buñuel et Salvador Dali en 1929, que Jean Vigo analysa dès 1930 comme une provocation à l'ambiguïté humaine qui accepte les monstruosités (ou anomalies) de la réalité, mais vibre de dégoût devant une image (ou une histoire) reconstituée. Qui est cette Victime ? À qui appartient cet œil qu'on veut lacérer ?

Il nous a paru saisissant et quasi prophétique, que ces Maîtres du surréalisme, dès 1929, (et le succès des rééditions de 1961 et 1983 témoigne de la pérennité de la réception de leur propos par le public), aient choisi comme métaphore de cette ambiguïté, cette image sanguinolente, ce geste chirurgical détourné, de la section d'un globe oculaire.

L'œil c'est l'organe de la vision, perception sensorielle, qui devient secondairement vision conceptuelle et réflexion.

L'œil fut, à la mi-temps du XVIIIe siècle, le premier organe sur lequel on pratiqua une chirurgie à froid, réglée, planifiée, qui engageait pour la première fois, après tous ces siècles où seule était possible la brutale chirurgie de guerre, la responsabilité du chirurgien et du médecin. Il faut donc d'abord, rendre ici hommage à Jacques Daviel (1696-1762), chirurgien du roi, qui pratiqua la première opération moderne de la cataracte le 21 avril 1745, et publia sa technique et sa méthode lors d'une conférence restée célèbre à l'Académie Royale de Chirurgie de Paris le 13 avril 1752. L'hôpital où Daviel exerce, l'Hôtel-Dieu de Paris, est alors en activité depuis l'installation des sœurs Augustines, sous Dagobert II en 651, soit depuis 1100 ans. Mais c'est sous l'égide des Lumières, avec et après Daviel, que la médecine entre définitivement dans l'ère contemporaine, faisant surgir peu à peu les questions auxquelles elle est aujourd'hui confrontée.

Il faut ensuite tenter avec notre lecteur une réflexion sur la vision que les médecins d'une part, la société, d'autre part ont sur les affaires judiciaires de responsabilité médicale, vision qui nous paraît avoir à beaucoup évoluer.

Nous rendrons aussi hommage à la vision de quelques artistes, dont Honoré Daumier. Ses recueils « Les gens de médecine » et plus encore « Les gens de justice » ont conservé toute leur acuité. Équitablement féroce envers tous, magistrats, avocats, médecins, patients, familles, et donc jamais méchant, son regard est toujours d'une étonnante modernité. De modernes talents, dont celui de Jérôme Mazerat, qui a ici prêté son crayon, se sont inspirés de Daumier.

La préface du magistrat,

Par Patrick Desmure, Président Honoraire de la Chambre de l'instruction, cour d'appel de Paris, février 2015

Béatrice Grandordy m'a offert la possibilité d'ouvrir la voie au lecteur de cet ouvrage qui ne peut que questionner un magistrat pénaliste. Le constat qu'elle établit sur le fonctionnement de l'institution judiciaire lorsqu'elle traite de la responsabilité pénale des médecins est sévère. La critique est-elle infondée ? Je ne saurais l'affirmer, tant il est perceptible que la justice pénale est ressentie par le médecin qui s'y trouve confronté comme une machine, une suite d'engrenages aveugles, destinés à le broyer inexorablement. Son patient ou ses proches, qui auraient pu obtenir par d'autres voies l'indemnisation de ce qui lui paraît être un accident, deviennent, à ses yeux, des ennemis attachés à sa perte sous l'œil complaisant d'un juge d'instruction.

J'ai pu constater, au fil des années, le mur d'incompréhension qui s'est élevé entre les médecins et les juges, alors que la similitude de leurs situations aurait dû les rapprocher. Les uns comme les autres, personnages habituels de séries télévisées, ne sont ils pas encensés par l'opinion avant d'être conspués pour les erreurs réelles ou supposées dont les médias se font, avec tant de complaisance, les échos ? N'ont-ils pas alors le même sentiment d'avoir pourtant étudié et travaillé avec probité et conscience, de n'avoir agi, ni par esprit de lucre, ni avec légèreté ou malignité ? Cette incompréhension n'est-elle pas en définitive la résultante de la méconnaissance des contraintes et des conditions matérielles et morales auxquelles ils sont également confrontés ?

Certes, il existe des situations dans lesquelles l'action d'un médecin relève à l'évidence de la justice pénale, quand la faute est volontaire ou qu'elle est la conséquence d'un comportement volontairement ou consciemment inadéquat, telle la consommation de stupéfiants ou d'alcool avant une intervention chirurgicale. Ces situations ne sont pas l'objet du présent débat. Ce qui nous interroge ici, ce sont les situations nombreuses dans lesquelles le praticien a voulu agir dans l'intérêt de son patient et lui a bien involontairement causé un dommage.

Ce rejet de la voie pénale dans les affaires de responsabilité médicale, qu'exprime avec tant de force le Docteur Grandordy, me semble s'expliquer à la fois par le contexte juridique et par l'environnement judiciaire défavorable aux médecins qu'elle décrit.

Le contexte légal, c'est le plus généralement pour les médecins, celui de la faute dite d'imprudence. Or l'imprudence, hormis le cas de la mise en danger délibérée d'autrui, qui suppose un comportement volontairement dangereux, n'est pas répréhensible en elle-même. Elle n'est poursuivable qu'en fonction de ses conséquences. Ainsi le médecin qui, après avoir examiné un patient avec une certaine légèreté, lui prescrit un traitement inadéquat et contraire aux préconisations de la science n'encourt aucune sanction pénale si son patient n'en a pas ressenti de conséquence dommageable. Inversement, la gravité du préjudice déterminera la peine encourue, jusqu'à trois ans d'emprisonnement si la victime est décédée, voire cinq ans, s'il y a eu violation délibérée d'une obligation particulière de sécurité imposée par la loi ou le règlement, deux ans d'emprisonnement si l'incapacité totale de travail est supérieure à trois mois, et un an si elle est inférieure ou égale à trois mois.

De plus, alors que le droit pénal se doit d'être extrêmement précis dans sa définition des éléments constitutifs de l' infraction, les lois d'incrimination étant d'interprétation stricte, l'article 121-3 du Code pénal, qui prévoit la poursuite des infractions dites non intentionnelles, comporte de nombreux éléments susceptibles d'interprétations diverses. Que recouvrent exactement les notions de diligences normales ? de faute caractérisée ? Quelle est la cause directe du décès d'un blessé : l'accident qui l'a conduit aux urgences ? La mauvaise évaluation de son état par l'interne ? L'absence de contrôle immédiat du médecin senior occupé par un autre patient ? Ou l'insuffisance du personnel affecté par la direction à ce service surchargé ?

La Cour de cassation tente de dégager des solutions au fil des affaires qui lui sont soumises, sans que leur nombre étant limité, une jurisprudence claire puisse se dégager. Le texte de l'article 121-3 déjà cité a, au demeurant, été modifié à deux reprises depuis l'entrée en vigueur du Code pénal en 1994, en sorte que la jurisprudence a dû s'adapter aux nouvelles règles. Si l'on s'interroge sur les raisons des avatars de ce texte, on s'aperçoit vite qu'ils ne sont pas en lien avec les quelques centaines de plaintes annuelles portées contre des médecins, lesquelles d'ailleurs ne font pas l'objet de statistiques particulières, et dont le nombre est insignifiant au regard des innombrables causes d'accidents entraînant des préjudices corporels. En particulier, les délits de blessures et homicides par imprudence servent de base à la masse des poursuites engagées pour des infractions routières ayant entrainé des atteintes aux personnes et pour lesquelles la nécessité d'une répression accrue s'est imposée au cours des dernières décennies pour tenter de juguler l'hécatombe.

Inversement, les parlementaires se sont émus de l'accroissement des poursuites contre les décideurs publics à la suite d'accidents sur la voie publique ou en milieu scolaire imputés à des élus locaux. Cette situation coïncidait par ailleurs avec la perte de l'immunité de juridiction dont avaient notamment bénéficié les maires jusqu'en 1993 et avec le sentiment d'une augmentation des procédures financières ou de santé publique visant des élus ou des décideurs publics. De même, les mises en cause un peu trop systématique des employeurs à la suite d'accidents du travail sont apparues préoccupantes.

Une première modification de l'article 121-3 du Code pénal est donc intervenue en 1996, exigeant qu'il soit tenu compte *in concreto* de la mission, du pouvoir, des compétences et des moyens dont le mis en cause disposait, pour que puisse être retenue une faute d'imprudence. Considérant que les tribunaux ne tiraient pas suffisamment les conséquences de l'exigence ainsi posée, la loi dite Fauchon, quatre ans plus tard, modifiait en profondeur le texte en différenciant le sort de l'auteur direct de celui de l'auteur indirect des faits. Ce dernier, c'est-à-dire généralement le décideur public ou privé, qui a seulement créé la situation dangereuse ou n'a pas pris les mesures nécessaires pour l'empêcher, n'est désormais poursuivable que s'il a, soit délibérément violé une obligation légale ou réglementaire de sécurité, soit commis une faute caractérisée en ayant connaissance du risque majeur qu'elle pouvait engendrer. Il semble que l'adoucissement de la répression, recherché par ces modifications législatives, n'a pas eu d'incidence sensible en matière de responsabilité médicale. À titre d'exemple, la notion de causalité directe a été interprétée assez largement par la Cour de cassation. Ainsi, à la suite d'une maladresse commise par un interne au cours d'une intervention chirurgicale, le médecin senior qui était présent à ses côtés a été considéré comme auteur direct alors qu'il ne manipulait pas les instruments. Inversement, pour la qualification de la faute caractérisée, la conscience du risque majeur est quasiment présumée de par la nature même de l'acte médical, quel qu'il soit.

À cet environnement législatif et jurisprudentiel déjà de nature à inquiéter les médecins dont la responsabilité pénale est mise en jeu, s'ajoute la brutalité de la confrontation avec la justice pénale. La procédure pénale s'est construite au fil du temps pour des délinquants ayant agi volontairement, généralement pour des mobiles crapuleux ou malveillants, en outre atteints parfois de troubles psychologiques. Les services d'enquête, tout comme les magistrats-pénalistes, sont habitués à une population dont la probité est rarement la qualité première, quelle que soit sa place dans l'échelle sociale. Le mensonge, le faux témoignage, les pressions sur les témoins, les actions dilatoires sont le lot quotidien des policiers et des juges d'instruction. Il s'ensuit que les mesures d'interrogatoire, de garde à vue, de perquisition sont minutieusement réglementées pour un tel contexte de manière à garantir à la fois les nécessités de l'ordre public et la sauvegarde des libertés individuelles. Rien d'étonnant dès lors que la suspicion à l'égard des déclarations qui leur sont faites, la crainte de la disparition des preuves ne deviennent une sorte de déformation professionnelle des enquêteurs, attitude qui ne peut que choquer ceux qui ne sont pas coutumiers de la procédure pénale.

Au regard de cette situation, j'ai en revanche été souvent frappé par l'attitude déconcertante des médecins lors des auditions que j'ai pu faire, leur tendance à s'en tenir à une approche simplement médicale ou scientifique des faits sans les éclairer par les conditions dans lesquels ils sont intervenus. Lors d'un colloque, un médecin expert expliquait avoir reçu, à l'occasion de procédures, des lettres de médecins s'accusant d'erreurs qu'ils avaient commises avant tout débat. J'imagine que leurs avocats ont dû apprécier ces initiatives intempestives.

Une enquête pénale, c'est aussi une accumulation d'éléments divers et notamment de témoignages, les plus dangereux étant quelquefois ceux des personnes dont la bonne foi est évidente. Deux exemples illustreront mon propos. Le premier est tiré d'un reportage porté à l'écran sous le titre « un coupable idéal ». Il expose comment la justice américaine a été sur le point de condamner pour meurtre un jeune Noir, dont le profil n'évoquait en rien celui d'un délinquant, simplement parce qu'il avait été interpellé à proximité du lieu des faits. La responsabilité de cette enquête scandaleuse repose pour l'essentiel sur l'incompétence et la déloyauté des policiers qui en avaient eu la charge, mais il doit être également relevé l'influence du témoignage du mari de la victime, présent lors des faits. Ce témoin privilégié a reconnu formellement le jeune homme qui lui a été présenté, alors qu'il n'existait aucune ressemblance physique avec le véritable meurtrier arrêté ultérieurement. Je pourrai citer dix exemples de victimes ou de témoins ayant en toute bonne foi identifié de manière erronée un suspect.

Le second exemple a trait à une affaire de responsabilité médicale dont j'ai eu connaissance. À la suite du décès par infarctus d'un homme, son épouse qui avait porté plainte m'avait déclaré que le médecin généraliste qui était intervenu n'avait pas évalué la gravité de l'état de son mari et avait expliqué qu'il s'agissait de troubles digestifs. En fait, la nature du produit injecté au patient et l'appel aux services d'urgence démontraient que le médecin poursuivi avait bien apprécié la situation et avait simplement cherché à calmer son malade. La plaignante restait néanmoins persuadée de l'incurie de ce praticien. La perception des faits, tout particulièrement dans un contexte fortement émotionnel, ne correspond parfois guère à la réalité et sa restitution en sera encore souvent plus éloignée. La parole de la victime ne peut pourtant que difficilement être remise en cause par la défense.

Nous touchons là à l'une des particularités des affaires de responsabilité médicale qui tient à ce que ces procédures sont engagées dans la quasi-totalité des cas, sur plainte avec constitution de partie civile, ainsi que l'expose justement le docteur Grandordy. Le parquet en effet, sachant qu'il existe d'autres voies d'indemnisation des victimes, n'engage généralement des poursuites que lorsqu'il existe une faute évidente et grossière laissant craindre qu'elle ne se reproduise.

La place ainsi donnée à la victime, en lui ouvrant la possibilité de mettre en mouvement l'action publique, fut-ce contre l'avis du ministère public, relève d'une particularité de la procédure française qui permet à toute personne ayant souffert d'un dommage causé par une infraction de se constituer partie civile devant un juge d'instruction.

Ce droit accordé aux victimes d'avoir directement accès au juge pénal constitue, certes, un contrepoids utile à la libre appréciation de l'opportunité des poursuites du parquet, dont l'inertie pourrait à l'extrême être constitutive d'un véritable déni de justice. Il peut toutefois être objecté que dans les pays anglo-saxons, cette contrepartie à l'indépendance des autorités de poursuite n'existe pas et surtout qu'il ressort des statistiques qu'en 2000 les plaintes avec constitution de partie civile représentaient 25 à 40% du total des affaires instruites dans les cabinets d'instruction et qu'elles se terminaient pour 80% par des décisions de non-lieu. Les mesures procédurales de retardement mises en place par la loi du 1er juillet 2007 face à cette situation, en imposant à la partie civile d'attendre que le procureur ait fait connaitre son intention quant aux poursuites sous un délai butoir de trois mois, ne semblent pas avoir d'effet sensible sur le nombre des plaintes, autre que de les ralentir, d'autant que les textes ouvrant la possibilité à des associations de se porter partie civile se sont multipliés. La chambre criminelle de la Cour de cassation rappelle en outre régulièrement dans ses arrêts que le juge d'instruction saisi d'une plainte avec constitution de partie civile a l'obligation d'instruire, et fait montre de la plus grande réticence à l'égard des décisions de refus d'informer que peuvent prendre les magistrats instructeurs lorsqu'ils sont confrontés à des plaintes fantaisistes. S'il semble admis que la santé ait un coût pour la collectivité, la même règle économique ne semble pas être appliquée en matière judiciaire.

La victime n'est plus, dès lors qu'elle s'est constituée, un simple spectateur de la procédure, elle en devient l'un des acteurs, disposant à peu près des mêmes droits que le mis en examen. Assistée d'un avocat, elle peut déposer des mémoires, demander des actes d'instruction et faire appel de la plupart des décisions du juge d'instruction et notamment des ordonnances de non-lieu.

En matière de responsabilité médicale, sa présence est particulièrement déterminante, son statut de victime est indéniable, eu égard à ses souffrances physiques, à des séquelles invalidantes ou à la perte d'un proche et ne peut qu'entrainer la plus grande compassion. La victime se sent, de surcroit, souvent investie d'un devoir de mémoire et de l'obligation de mener « un combat » pour pouvoir « faire son deuil », et trouver en fait un coupable à un décès qu'elle ne peut accepter.

Alors que l'espérance de vie s'allonge, que les progrès de la médecine sont patents, que les décès surviennent le plus souvent en milieu hospitalier , hors du domicile familial, la mort, dans nos sociétés, parait de plus en plus inconcevable, a fortiori si elle est inattendue et plus encore bien sûr lorsqu'il s'agit de celle d'un enfant ou d'un conjoint encore jeune . C'est là sans doute l'une des raisons pour lesquelles les plaintes pour des complications survenues lors d'accouchements ou d'interventions réputées bénignes sont les plus nombreuses.

Face à ces situations humaines si douloureuses, la défense du présumé responsable devient extrêmement difficile et toute tentative d'explication sera perçue comme une manifestation d'insensibilité, une absence de compassion nécessairement en rapport avec les négligences ou les maladresses qui lui sont déjà imputées.

Les magistrats eux-mêmes, au-delà de la compassion naturelle qu'ils peuvent ressentir pour les victimes, raisonnent souvent dans une logique d'indemnisation des préjudices alors que l'élément premier d'un procès pénal est la notion de culpabilité avec ce qu'elle implique pour le prévenu. Par ailleurs, s'agissant de questions techniques et n'étant pas médecins, ils s'en rapportent essentiellement à l'avis des experts médicaux pour déterminer l'existence d'une faute.

Or l'expertise, dans la procédure pénale, obéit à d'autres règles qu'en matière civile, l'évolution vers une expertise totalement contradictoire, souhaitée par la Cour européenne des droits de l'homme, n'est pas encore totalement achevée. J'ai le sentiment que dans des expertises aussi délicates, une discussion point par point devrait s'instaurer, ce qui ne semble pas compatible avec les moyens dont dispose la justice pénale, avec en outre une tendance globale à ne pas remettre en cause l'avis de l'expert précisément parce qu'il est sensé être le sachant. Je ne suis pas certain que les experts eux-mêmes aient conscience du poids que prennent les mots qu'ils emploient dans leurs rapports lorsque les avocats des parties ou l'accusation s'en emparent, alors qu'en matière de responsabilité pénale le simple rapport de causalité entre le comportement et le préjudice n'est pas suffisant si les circonstances ne permettent pas d'établir que le médecin disposait concrètement des moyens, des pouvoirs et des compétences au moment et dans le contexte dans lesquels les faits se déroulaient. Ce ne sont là que les exigences de la loi. Il paraitrait bon, pour le moins, que des experts ayant des compétences diversifiées puissent se prononcer conjointement pour disposer d'approches différenciées du comportement incriminé.

On voit donc que loin d'apaiser les passions, le débat judiciaire, tout particulièrement devant le juge pénal, exacerbe les antagonismes, fige les positions et cristallise les rancoeurs. Des statistiques effectuées au tribunal de grande instance de Marseille montrent que, sur 35 informations ouvertes pour des infractions mettant en cause la responsabilité de médecins, un tiers des procédures seulement a été renvoyé devant le tribunal correctionnel, et un prévenu sur cinq a été relaxé.

Un tel bilan est pour le moins préoccupant, en terme de souffrances psychologiques accumulées au cours de longues années de procédure, tant pour les plaignants que pour les médecins.

Nous savons qu'Il existe un aléa judiciaire, comme il existe un aléa diagnostic et thérapeutique, mais la disproportion entre le chiffre des accidents médicaux, dont l'immense majorité est traitée par la voie civile ou administrative, avec celui des plaintes enregistrées au pénal et du nombre encore plus réduit des condamnations doit nous interpeller. Il est bon que Béatrice Grandordy se soit penchée sur cette question avec sa sensibilité et son expérience de médecin et qu'elle puisse ainsi faire réfléchir tous les intervenants au procès pénal.

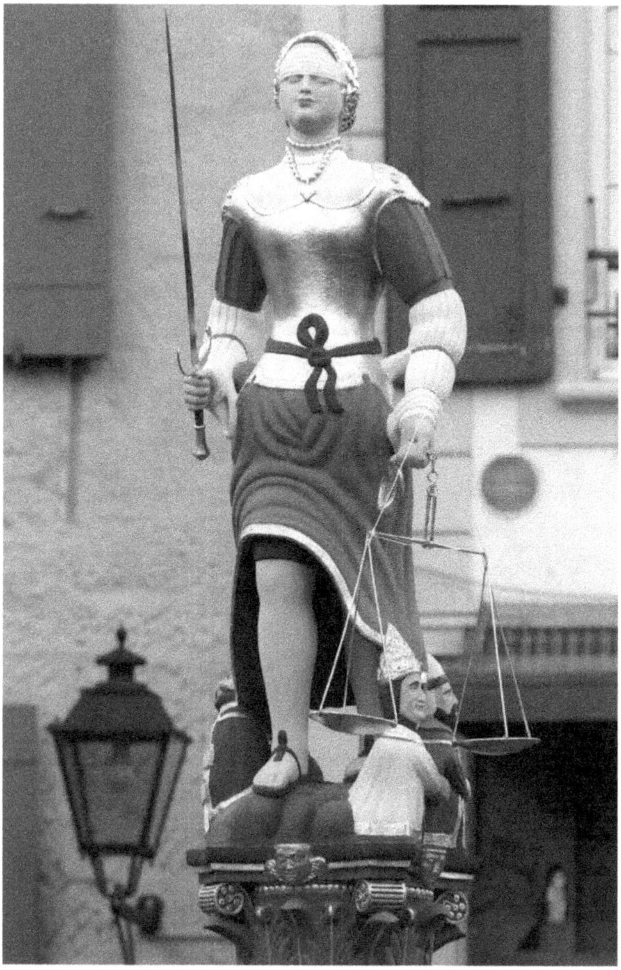

La justice sans bandeau sur les yeux
Place de la Palud, Lausanne, avant 2009
Le glaive de la Justice a été dérobé et remplacé plusieurs fois depuis la Renaissance, dont la dernière fois en 2009.... Depuis, le glaive n'a pas été remplacé....

Détail de la façade du Palais de Justice Vesoul, Haute-Saône.
Célèbre depuis qu'il fut sculpté entre 1760 et 1770, à la fin du règne de Louis XV, ce bas-relief situé sur la partie supérieure de l'élévation du Palais de Justice de Vesoul, montre le fléau déséquilibré de la balance de la Justice, et le masque de la Comédie. Faut-il y voir le mécontentement du sculpteur, mal rétribué (par les « services déconcentrés » de Monsieur de Marigny ?), ou une réflexion plus avancée sur le difficile équilibre de la justice ?

1 Introduction : Pourquoi ce livre ? Les multiples facettes de la responsabilité médicale

La médecine est un exercice humain, complexe, stimulant, passionnant, utile, exigeant et réclamé. Passionnant parce qu'humain, réclamé parce qu'utile, exigeant et stimulant parce que complexe.

"La médecine française, la meilleure du monde" ? L'expression a été galvaudée, et du fait justement de la complexité à laquelle elle atteint et des difficultés de la période actuelle, ne saurait qu'être objet de débat. En tout cas, peut-être, "le système de soins le plus généreux du monde", avec une médecine qui a fait de gros efforts sur la voie de la modernité, qui garde des spécificités, et subit des tensions, un écartèlement entre les aspects compassionnels de la profession et le progrès technique, entre la médecine traditionnelle et l'inflation des savoirs.

La médecine suscite beaucoup d'attentes, et la société augmente la pression de sa demande à l'égard de ses praticiens. Les sites d'information médicale prolifèrent sur tous les supports médiatiques, poussant parfois à se demander ce qu'un lecteur sans connaissance fondamentale en biologie, en physiologie, en médecine en général peut y comprendre. Les études de médecine initiales pour devenir médecin généraliste ont été depuis quelques années portées de sept à huit ans. Il serait maintenant question de les rallonger d'un ou deux ans... Et pour une spécialité médicale quatre ans supplémentaires, portés peut-être bientôt à cinq... Le médecin, éternel étudiant, c'est très stimulant, et nous ne saurions qu'approuver, mais à l'égard d'une pratique, à l'échelon de la durée de la vie humaine, cela fait-il sens ? Ces exigences sur le contenu s'accompagnent aussi d'une judiciarisation de la médecine. On demande maintenant à des magistrats d'intervenir dans des affaires médicales. Certes, c'est l'évolution dans l'ensemble du monde occidental, mais cette judiciarisation ne se fait pas selon les mêmes modes dans tous les pays développés. S'il est légitime partout de répondre aux plaintes des patients, il est aussi nécessaire de veiller à ce que ces plaintes ne soient pas sans limites et abusives. Les magistrats portent la lourde responsabilité de répondre au besoin de justice des patients, mais ils doivent également veiller à ce que les médecins soient traités équitablement. Le corps social n'est pas constitué que de victimes potentielles attendant leur chevalier blanc, mais aussi de praticiens, qui doivent être respectés. Les médecins eux-mêmes doivent veiller à recevoir une aide pour l'organisation de leur défense judiciaire et utiliser leurs propres institutions, dont le Conseil de leur Ordre, auprès duquel ils sont dans l'obligation d'être inscrits, pour faire remonter leurs légitimes aspirations.

Nous avons voulu ici tenter une analyse du vécu par les médecins de leur mise en cause par le système judiciaire, en nous basant sur plusieurs cas, personnels, proches ou portés à notre connaissance. En particulier, nous insistons sur le système judiciaire pénal, dont la mise en marche possède des spécificités qui sont bien françaises. Dans un ouvrage récent *La médecine à l'épreuve du risque pénal*, Lina Williatte-Pelliteri[1] rassemble les points de vue de plusieurs auteurs réunis en séminaire, et conclut que les juristes déplorent l'absence de textes pénaux propres au monde de la santé, tandis que les médecins ne comprennent pas le système pénal actuel lorsqu'ils y sont confrontés à leurs dépens. Cette incompréhension porte sur la forme et sur le fond du système pénal. Le médecin s'est initialement engagé dans cette voie par souci d'humanité, l'envie de soigner et le besoin de participer à une démarche scientifique utile à autrui. Au terme de ses études, en toute cohérence avec celles-ci, il a prêté le serment d'Hippocrate, qui, quoique reformulé et complété, demeure fondamentalement ce qu'il est depuis des siècles. Et voilà que soudain, au décours d'un accident survenu dans le cadre même de cet exercice professionnel pour lequel il s'est longuement formé, il se retrouve sur le banc des accusés, comme un délinquant. Il ne l'accepte pas, il est dérouté, on le serait à moins.

Le fonctionnement de la machinerie pénale revêt au départ la forme d'une enquête ou instruction judiciaire très lourde et très longue, sur plusieurs années, renvoyant "souvent" le médecin devant le tribunal correctionnel. Mais les décisions de justice par ce tribunal correctionnel, auquel les conclusions de l'instruction sont soumises, viennent finalement les démentir dans environ 60% des cas. C'est en effet ce pourcentage de médecins, légèrement variable selon les années et les tribunaux, qui est relaxé, c'est-à-dire blanchi, après avoir été traité en délinquant, malgré la présomption d'innocence qui devrait caractériser l'instruction, pendant toute la durée de celle-ci. Quant aux 40% qui sont condamnés, il est difficile d'avoir accès au fond des dossiers. Se pose donc la double question de la justification du pénal en matière de responsabilité médicale, et de la rationalité et de la justesse de sa mise en œuvre vis-à-vis des praticiens poursuivis.

---

[1] WILLIATTE-PELLITERI, Lina, *La médecine à l'épreuve du risque pénal*, éd..L'Harmattan, collection Droit, Société Et Risque, Paris, 2014, 126p.

Les chiffres concernant les affaires de responsabilité médicale traitées par le système pénal ne sont disponibles que depuis peu et de façon partielle. Le Conseil de l'Ordre des Médecins confirme ne disposer d'aucune donnée chiffrée, et les recherches dans le milieu judiciaire, pour qui s'intéresse au sujet, relève du parcours du combattant, couronné par un demi-succès ou un demi-échec, comme on voudra, dans la mesure où ni les tribunaux correctionnels, de grande instance ni les cours d'appel ne disposent de statistiques. Et c'est auprès de la Cour de cassation qu'il faut trier, parmi les "coups et blessures", "omissions de porter secours" et "homicides involontaires", les cas concernant la responsabilité médicale, lesquels, ne constituant qu'une fraction de l'ensemble des dossiers, ne sont pas forcément représentatifs. Il est donc nécessaire de se tourner vers les assureurs, les seuls à disposer de statistiques, et ce sont les données du plus important des assureurs médicaux que nous citerons ici en renvoyant le lecteur à ses statistiques disponibles sur son site internet depuis 2008 seulement.

Sur le fond, le sens du pénal en matière médicale est problématique. Le principe sur lequel repose le système pénal consiste à sanctionner la faute et non pas l'erreur. La sanction pénale pour une prise de risque médical n'est pas tant liée aux conséquences qu'il génère, qu'à son caractère inadmissible (moralement). On nous dit que la notion de faute (initialement morale, indissociable de la responsabilité, condamnable pour exemplarité aux yeux de tous) est actuellement reconsidérée, puisqu'on dissocie désormais faute pénale et faute civile, et que la responsabilité délictuelle ou non délictuelle est l'objet de débats ardents. Chacun sait que la formule "responsable, mais non coupable" a fait couler récemment beaucoup d'encre. En matière médicale, le problème est particulièrement brûlant, puisqu'il s'agit d'un domaine où il est souvent difficile de différencier la faute de l'erreur, et où l'erreur elle-même est indissociable de la notion de risque. Or toute décision médicale, si minime soit-elle, est une prise de risque, incontournable, qui s'accompagnera un jour ou l'autre de l'erreur. Ce n'est pas pourtant qu'il y a faute ni qu'on doive confronter d'emblée les médecins à une institution qui va d'abord chercher exclusivement à démontrer qu'ils sont fautifs, lorsqu'il y a eu, en apparence, des effets néfastes pour un patient, consécutifs à un acte médical. Tout se passe comme si médecins et magistrats appartenaient à deux mondes culturellement différents. La façon d'envisager la plainte (du patient, du justiciable), le risque, l'erreur et peut-être la mort sont fondamentalement divergents pour le magistrat et le médecin. Rechercher la "manifestation de la vérité" sur un fait médical, à l'aune d'un point de vue pénaliste, revient à mettre le médecin en grande difficulté, et ce pour un bénéfice final (l'intérêt du patient, la réparation de ses souffrances) qui n'apparaît pas clairement.

Certes, les affaires de responsabilité médicale traitées par le système pénal sont peu nombreuses (quelques centaines) par rapport au nombre de celles traitées en responsabilité civile ou par les Commissions de Compensation et d'Indemnisation. Le pénal a néanmoins un sens fort, d'ailleurs garanti par les institutions, puisque la décision pénale commande les autres types de juridiction. Le médecin confronté au pénal se retrouve tout d'abord isolé, sans pouvoir attendre une aide du Conseil de l'Ordre, sans pouvoir s'exprimer ni faire valoir ses droits, tant que le tribunal correctionnel n'a pas rendu son jugement. C'est cette discordance entre le traitement pénible du médecin "mis en cause" et sa relaxe dans près de six cas sur dix, qui signalent que le système pénal appliqué au médical n'est pas adapté, sans doute, dans sa forme actuelle. Sur le plan des principes, un État de Droit ne peut pas se satisfaire de traiter comme des délinquants une population de professionnels qui n'en ont pas la vocation ni l'activité et à laquelle par ailleurs il demande beaucoup. Les médecins ont de nombreux "principes encadrants", l'éthique et la déontologie, la confraternité et la collégialité, leur forme particulière et subtile de hiérarchie, leur responsabilité civile, leur formation continue, leur vocation. Le pénal pèse de surcroît à leur égard, comme un système, en quelque sorte "ingrat et de mauvaise foi par avance", pour reprendre l'admirable expression de Chateaubriand[2], surtout s'il finit par conclure dans plus d'un cas sur deux, à une relaxe pour les mis en cause. Il est possible que les relaxes finalement prononcées traduisent la lente prise de conscience par les magistrats du problème du risque médical. Mais les médecins, relaxés et blanchis après cinq, six ans voire plus, seraient en droit, en tant que justiciables de demander des comptes à l'institution judiciaire. Sont-ils face à une "menace aggravée", exercée au nom du peuple par une institution ayant autorité ?

Ce livre est destiné aux médecins, aux magistrats, aux juristes et plus généralement à toute personne qui se sent concernée par la responsabilité médicale. Comme nous croyons que la majorité du lectorat, hormis les professionnels du droit, et à commencer par les médecins, n'est pas au fait de la législation sur la responsabilité médicale, nous commençons par un rappel du cadre juridique dans lequel elle est traitée. Mais les lecteurs souhaitant des détails et des précisions les trouveront dans la littérature spécialisée dont nous donnons une courte bibliographie. Cette première partie en forme de résumé est comparative, car, fidèles à la formule que Voltaire place dans la

[2] CHATEAUBRIAND, François-René de, au sujet de l'attitude de Bonaparte envers Desaix, à la veille de Marengo, dans les *Mémoires d'Outre-tombe,* 1841, publié en 1848-49.

bouche de Candide, nous pensons "*qu'il est certain qu' il faut voyager*", et que le système français ne peut pas se tenir à l'écart de ce qui est fait dans les autres pays développés. Tous les pays développés ont mis en place des procédures de réparation pour les patients victimes d'erreurs médicales ou d'aléas thérapeutiques, au sein de leur système de santé. Le système français n'est pas le plus simple, et d'aucuns s'interrogent sur la cohérence de certains de ses aspects. L'un de ceux-ci, qui n'est pas le moins surprenant, est la persistance, supprimée ailleurs, pour le plaignant, la victime ou son représentant, de choisir librement de porter sa plainte devant un tribunal civil ou devant un tribunal pénal. La facilité d'accès au pénal, en matière médicale fait la spécificité du système français. On peut supposer que les familles meurtries sont conseillées dans ce choix par un avocat. Elles sont alors éventuellement orientées vers le pénal, réputé, à tort ou à raison, plus efficace en termes de réparation financière, et porteur d'une valeur symbolique plus forte en termes de vengeance. « *Sire, Sire, Justice !* »[3], le cri d'indignation n'a pas varié depuis trois siècles, et probablement depuis la nuit des temps. Les procédures sont entièrement différentes devant un tribunal civil ou pénal, mais surtout les peines encourues ne sont pas les mêmes, ce qui veut dire qu'un même aléa thérapeutique ou fait médical ne recevra pas la même sanction, s'il doit y en avoir une, en bref, n'a pas le "même prix" ou la "même valeur" dans l'un ou l'autre système. Cas relativement isolé, semble-t-il, dans les pays occidentaux. Dans ce système français à trois participants (le médecin, le magistrat, le plaignant se déclarant victime), c'est le plus ignorant du droit et de la médecine (on peut supposer que la majorité des plaignants ne sont pas juristes ni médecins) et aussi le plus affecté physiquement et émotionnellement qui choisit en bonne part son parcours judiciaire, où le barème de la sanction éventuelle est à géométrie variable : indemnisation seule de la victime, dans les juridictions civiles ; ou indemnisation plus amende, prison et interdiction d'exercice, dans le système pénal ; selon que la plainte a été déposée devant l'une ou l'autre juridiction, et cela pour un même fait médical ou aléa thérapeutique. Nous parlerons des autres possibilités qui s'ouvrent pourtant au plaignant, en matière de réparation éventuelle, comme la Justice civile ou administrative, les nouvelles (2002) Commissions de Conciliation et d'Indemnisation, les

[3] CORNEILLE, Pierre, *Le Cid*, 1637, acte II, scène 8, Point n'est besoin d'évoquer ici les paroles admirables avec lesquelles Chimène et Don Diègue s'adressent au roi Don Fernand : Chimène : Sire, Sire, justice ! Don Diègue Ah ! Sire, écoutez-nous. Chimène Je me jette à vos pieds. Don Diègue J'embrasse vos genoux. Chimène Je demande justice. Don Diègue Entendez ma défense. Chimène D'un jeune audacieux punissez l'insolence : Il a de votre sceptre abattu le soutien, Il a tué mon père. Don Diègue Il a vengé le sien. Chimène Au sang de ses sujets un roi doit la justice. Don Diègue Pour la juste vengeance il n'est point de supplice, etc .....

assurances. Le lecteur trouvera donc une certaine rupture de ton entre la première partie et les suivantes, rupture que nous assumons, car sans ce bref exposé juridique, il ne serait pas possible de comprendre ensuite le processus judiciaire tel qu'il se déroule.

Nous en viendrons en effet dans la deuxième partie à la réalité du processus judiciaire pénal, ses conditions, son déroulement, dans les affaires individuelles de responsabilité médicale, alimentée par les témoignages que nous avons recueillis sur les poursuites pénales engagées contre les médecins dans le courant de leur activité professionnelle personnelle, régulière et normale. Elles sont bien moins médiatisées que les grands procès mettant en jeu des médicaments ou des dommages "collectifs", mais tout aussi problématiques et peut-être plus. Il s'agit d'examiner comment la procédure pénale se met en place dans le cours du traitement des affaires involontaires d'aléas thérapeutiques et/ou d'erreurs médicales, alors que d'autres procédures plus adaptées existent, et cela pour la plus grande souffrance des personnes poursuivies, sans que le bénéfice pour la victime apparaisse clairement. En somme, il est question ici de « l'homicide involontaire », avec ou sans « omission de porter secours », avec ou sans « coups et blessures », imputés à une « négligence (ou imprudence)» supposée, et qui sont les chefs d'accusation utilisés contre les médecins pour qualifier les actes de leur activité professionnelle, en l'absence manifeste de termes spécifiques et adéquats pour décrire un acte médical qui a mal tourné.

Il est de fait que le risque médical est devenu plus visible. La médiatisation de certaines affaires a créé une défiance qui n'existait pas à l'égard de l'autorité médicale, comme envers d'autres autorités. Nombreux sont les médecins qui, après la dramatique affaire dite du sang contaminé - dramatique pour les patients parce qu'elle montre bien la tension qui existe entre les avancées médicales et les effets délétères toujours possibles de ces mêmes avancées - ont perçu un changement d'attitude chez les patients, justifié ou pas, mais bien réel. Ce sont tous les médecins, votre médecin, le généraliste, le spécialiste, l'ensemble des praticiens qui pourraient potentiellement être visés par la procédure pénale. Dans cette partie, nous examinerons aussi les notions de risque et de celle de précaution, en analysant comment elles sous-tendent le comportement et l'action des magistrats. Le principe de précaution (qui ne devrait pas avoir sa place ici, concernant seulement, selon la Constitution, les mesures environnementales), paraît en effet hanter les magistrats.

Les deux dernières parties sont consacrées aux conséquences d'ores et déjà perceptibles dans la pratique médicale de la judiciarisation de ses activités, et à quelques propositions pour améliorer la situation.

Le véritable enjeu de la responsabilité médicale, c'est la confiance entre le médecin et le malade et le maintien des liens entre la confiance et la responsabilité. Il faut lutter contre la défiance qui s'est installée entre le patient et le monde du soin. Elle a de multiples causes, réelles comme les catastrophes sanitaires, indirectes comme la vulgarisation à tout-va, l'excès de communication, les faux espoirs et les illusions apportées par ceux-ci, ou fantasmées, comme l'idée qu'il y aurait un pouvoir médical contre lequel il importe de se défendre. La confiance du patient envers le médecin, du médecin envers le patient, doit être recherchée, car elle est la seule voie possible pour un bon fonctionnement du système de soins.

Nous remercions les médecins qui ont bien voulu apporter leur contribution à cet essai. Lorsque nous les avons interrogés sur les cas médicaux délicats, portés ou non en justice, qu'ils pouvaient avoir rencontrés, sans limite de temps, au cours de leur exercice, ils ont bien souvent spontanément raconté, entre autres, comment l'esprit de responsabilité leur est venu, à propos d'une situation affrontée dans les commencements de leur carrière, qui les a marqués pour le restant de celle-ci. Ce métier connaît ses baptêmes du feu, ses grandes scènes fondatrices, d'où jaillissent étroitement liés le sens de la responsabilité et la confiance qu'il mérite. Nous remercions également les juristes, magistrats et avocats, qui se sont penchés sur ce sujet, qu'ils ont accepté de creuser, quand rien ne les y obligeait, mais parce qu'il sollicitait leur sens de l'équité et leur professionnalisme.

Les Euménides, Eschyle, 458 AEC, Athéna fonde l'Aréopage à l'occasion du procès d'Oreste, après le matricide de Clytemnestre. Athéna est ici entourée des célèbres onze jurés, dont le vote, complété du sien propre, est un des plus commentés de l'histoire de la Justice. Six jurés se prononcent contre Oreste, cinq pour l'acquittement. Votant en dernier, Athéna se prononce pour l'acquittement. Six voix contre six donc, et Athéna, qui préside, de conclure à l'acquittement, non pas parce que sa voix pèserait plus que celle des citoyens (elle a, elle-même, au début de la pièce établi une parité entre les dieux et les humains en matière de Justice), mais parce que tout accusé part avec un handicap (dirait-on de nos jours), celui des apparences, en début de procès, et doit ensuite remonter contre ce handicap. Une justice équitable lui offre cette opportunité. À vote égal, pour et contre lui, il est donc déclaré innocent. Où en est la justice contemporaine par rapport à ce texte vieux de 25 siècles et qui affiche une telle largeur de vue ? Un des plus grands textes qui soit, ici superbement mis en scène par Olivier Py, intégrale de *L'Orestie*, théâtre de l'Odéon, Paris, 2008. Photographie Alain Fonteray. On notera la présence du coryphée et de membres du cœur, au côté des jurés.

2 Législation et procédures dans les affaires de responsabilité médicale

Le lecteur souhaitant acquérir des connaissances complètes sur l'état du droit en matière de responsabilité médicale, en France dans les années 2010, consultera avec profit, pour la vue d'ensemble et les détails, les excellents ouvrages disponibles, en particulier ceux d'A. Dorsner-Dolivet[4], de S. Gibert[5] et de P.Mistretta[6]. Il pourra également consulter les ouvrages traitant de l'expertise judiciaire[7][8][9][10], en déplorant la rareté des ouvrages consacrés, au moins partiellement, au problème spécifique et délicat de l'expertise médicale[11][12][13][14]. Les principales lois, causes (ou conséquences ?) de points d'inflexion dans les comportements, seront néanmoins présentées ici comme toile de fond, pour permettre au lecteur de saisir les enjeux de la procédure pénale en matière médicale et pour clarifier l'évolution de l'histoire récente de la responsabilité médicale en France, par comparaison avec quelques autres pays du monde développé.

---

[4] Annick DORSNER-DOLIVET, *La responsabilité du médecin*, éd.Economica, Paris, 2006, 471p

[5] Sabine GIBERT, *Guide de responsabilité médicale et hospitalière*, éd. Berger Levrault, Paris, 2011, 611p

[6] Patrick MISTRETTA, *Droit médical pénal*, Ed. Cujas, 2014, Paris, 456p

[7] Gérard ROUSSEAU, Patrick de FONTBRESSIN, *L'expertise et l'expertise judiciaire en France, éd.* Etablissements Emile Bruylant, éd.Nemesis, Bruxelles, 2007, 291p

[8] Jacques BOULEZ, *Expertises judiciaires,* éd.Delmas, quatorzième édition, Paris, 2006, 302p

[9] Sous la direction de Tony MOUSSA, *Droit de l'expertise*, éd.Dalloz, Paris, 2011, 591p

[10] François PINCHON, *L'expertise judiciaire en Europe*, Ed. d'Organisation, Paris, 2002, 449p

[11] Anne-Marie DUGUET, coordonateur, *Evolution récente des actions en responsabilité médicale en France, Comparaison avec l'étranger,* XIe séminaire d'actualité de droit médical, Ed. Les Etudes Hospitalières, Bordeaux, 2008, 357p

[12] Jean-François LEMAIRE, Jean-Luc IMBERT, *La responsabilité médicale*, Ed. PUF, Que sais-je ? Paris, 1985, 128p

[13] Guy NICOLAS, *La responsabilité médicale*, Ed. Flammarion, DOMINOS, Evreux, 1996, 128p

[14] GUIGUE, Jean, *Qui juge, le juge ou l'expert ? La responsabilité médicale : de la faute au risque*, Essais et recherches judiciaires, Association d'études et de recherches de l'Ecole Nationale de la Magistrature, ed. Bergeret, 1996, 250p, p 59-63

Le risque médical a sans doute toujours existé. Les performances des techniques modernes d'investigation et de thérapeutique accroissent peut-être ce risque, en tout cas le rendent plus visible. Un système de santé efficace doit nécessairement s'accompagner d'un système de réparation pour les patients ayant subi un aléa thérapeutique ou ayant été victimes d'un accident médical inhérent à la prise en charge thérapeutique, ainsi que d'une protection fonctionnelle et bien conçue pour les professionnels de santé, contre les procédures abusives ou les excès qui dépasseraient le cadre de leur responsabilité. Le système doit permettre un traitement équitable des affaires engageant la responsabilité médicale.

Si les médecins sont les principaux décisionnaires en matière de prise en charge thérapeutique, il est naturel et nécessaire qu'il y ait une responsabilisation de leur communauté, et les médecins doivent rendre des comptes de leurs actions. Le problème c'est de savoir à qui, comment et jusqu'à quel point. On peut envisager de multiples formes pour la mise en œuvre de cette responsabilisation, et il est de fait qu'il existe de grandes différences entre les pays.

2.1 Législation dans les pays développés

Aux États-Unis, dans les pays développés du Commonwealth, tels le Canada[15] et la Nouvelle-Zélande, les affaires judiciaires de responsabilité médicale sont portées automatiquement devant les tribunaux civils. Ce sont les pays dits « sans responsabilité délictuelle ». Au Royaume-Uni, il n'y a pas a priori de séparation du civil et du pénal (seules les Assises, comme la célèbre Cour de l'Old Bailey à Londres, sont d'emblée séparées. Les plaintes pour motif médical sont déposées avec les autres plaintes, auprès des magistrats, qui effectuent le tri entre civil et pénal. Il est tout à -fait exceptionnel, nous rapporte-t-on, qu'une affaire médicale soit traitée d'emblée au pénal.[16]

La responsabilité médicale des médecins ne les conduit jamais directement en première intention devant un tribunal pénal, qui ne peut être saisi que secondairement dans les cas bien particuliers, où une première analyse du dossier a permis de conclure qu'il y avait bien crime de droit commun. Aucun pays n'est de fait totalement « sans responsabilité délictuelle ». Mais dans ces pays, un patient s'estimant lésé, une victime porte plainte devant les tribunaux civils et/ou règlent l'affaire par la voie de leurs assurances. Le médecin n'est aucunement, a priori, un assassin ou un délinquant responsable de "coups et blessures", mais "seulement" l'auteur d'un préjudice en général corporel sur autrui, inhérent au risque intrinsèque à sa profession, et sur lequel il aura bien sûr à s'expliquer, mais en tant que professionnel et pas en tant que délinquant de droit commun. Autrement dit, l'acte médical a une autonomie et une spécificité qui le différencie des "coups et blessures", de "l'homicide involontaire" et de "l'omission de porter secours" du droit français, quitte à ce que, ultérieurement il soit apporté la preuve sur la foi d'éléments concordants et précis que le médecin a bien commis un délit de droit commun, auquel cas son dossier sera transféré au pénal.

Sur le fond, cet état du droit est considéré comme équitable par les justiciables et le monde médical. La réparation dans ces "systèmes sans

---

[15] *La responsabilité médicale au Canada, vers un juste équilibre des pratiques*, Rapport préparé par l'association canadienne de protection médicale, août 2005, disponible sur le site de l'association www.cmpa-acpm.ca

[16] Communications personnelles, Pr Peter John Barnes, Pr Margaret Branthwaite, Brompton Hospital, Imperial College, Londres. Lire aussi M.Branthwaite, N.Beresford, *Law for Doctors: Principles and Practicalities*, 2nd éd. RSM Press Ltd., London.

responsabilité délictuelle" est financière. Mais dans les autres systèmes aussi, la réparation finit toujours par être financière, nous allons y revenir.

Certes, dans la pratique, on connaît aux États-Unis, les dérives, médiatisées, auxquelles le système a donné naissance, avec la demande et parfois l'attribution de sommes exorbitantes valant réparation de dommages corporels dont la gravité, la "valeur" est toujours et partout si difficile à évaluer. Aucun système de santé ne pourrait à terme supporter de tels coûts. Avec leur réactivité coutumière, (et leur habitude de travailler en mode essai-erreur), toutefois, les acteurs du système de santé américain, travaillent à améliorer la situation.

Le droit allemand semble plus rigoureux que le droit français, tant en matière de montant des indemnisations qu'en matière de preuve. Il connait également les poursuites pénales pour les fautes médicales, mais la procédure est plus rapide qu'en France, et surtout le parquet n'est pas tenu d'informer la victime ou ses ayants droit qui doivent agir au civil. Dans tous les pays, le parquet a un pouvoir d'auto-saisine, c'est-à-dire qu'il peut agir de son propre chef, quel que soit le moyen par lequel un délit supposé a été porté à sa connaissance. Nous nous limiterons à un exemple de jurisprudence qui montre bien la spécificité allemande : un médecin allemand qui avait confondu deux médicaments, confusion ayant entraîné le décès du patient, a été condamné à 9 mois de prison avec sursis et à une amende, par ordonnance pénale c'est à dire sur dossier et sans audience. Les enfants du défunt n'ont pas été avisés, mais les pièces de procédure leur ont été communiquées sur leur demande et ils ont été indemnisés suite à une transaction avec l'assurance.
La Cour européenne des droits de l'homme (saisie par les enfants) a précisé à cette occasion que l'article 2 de la Convention fait obligation aux Etats de mettre en place une voie de droit indépendante permettant de déterminer la cause du décès de patients et de mettre en cause les responsables, mais que cette obligation n'impose pas forcément de suivre dans chaque cas la voie pénale et peut être satisfaite si les victimes disposent de recours au civil. Elle souligne que les règles de procédure allemandes n'obligeaient pas le parquet à informer d'office les requérants de la procédure pénale contre le médecin. Il s'agit là d'une différence notable avec le droit français pour lequel le plaignant ou victime, en se constituant partie civile, a un rôle moteur dans la procédure (cf. le paragraphe suivant, législation française).

Dans d'autres pays « sans responsabilité délictuelle », d'autres règles ont été mises en place qui permettent d'éviter les arrangements financiers outranciers. Le cas du Canada, souvent si avancé dans de nombreux domaines de la santé publique est exemplaire. Le problème des réparations dans le cadre des affaires de responsabilité médicale, a été pensé et intégré au fonctionnement et au coût global du système de santé, de façon à permettre une indemnisation légitime du patient, mais aussi un traitement équitable du médecin. Le Canada doit-il à sa triple culture (française, britannique, nord-américaine) la qualité de l'équilibre trouvé ? Il est évidemment difficile de le dire, et la question est plutôt de savoir ici, pourquoi la France maintient un système à la fois si complexe, voire confus pour les observateurs extérieurs et si peu évolutif, quand nos partenaires travaillent sur ces questions d'avenir.

2.2 *Législation française*

2.2.1 Multiples juridictions

La législation française est très différente. La France relève aussi de l'Europe, et à ce titre les principes de la Cour européenne s'appliquent. En droit français, la victime a le choix entre l'action civile et l'action pénale, si elle demande une indemnisation au civil elle ne pourra plus le faire devant le juge pénal (art 5 du Code de Procédure Pénale, règle dite *una via electa).* En pratique, l'arsenal juridique à la disposition des plaignants français est particulièrement large, et ils utilisent les différentes voies selon leur bon vouloir et souvent toutes ensemble.

Il y a d'abord la possibilité de règlement à l'amiable, avec les assurances des médecins. Mais ces possibilités sont variables selon les compagnies d'assurance. Il importe donc d'être vigilant dans la quête d'information.

Par ailleurs, depuis la loi de modernisation sociale de 2002, le système s'est complété de dispositions prometteuses, qui constituent certainement une avancée, quoiqu'elles aboutissent à une complexification du système, puisqu'elles ont été rajoutées aux dispositions préexistantes, lesquelles n'ont pas été modifiées, d'où l'effet d'accumulation et de confusion. Les plaignants peuvent désormais déposer aussi un dossier auprès des Commissions Régionales de Conciliation et d'Indemnisation (CRCI, il en existe 10 pour l'instant), qui enquêtent et décident, après avis d'experts médicaux, s'il y a eu faute (civile) et/ou situation d'aléa thérapeutique demandant réparation. Les CRCI travaillent en collaboration avec l'Office National d'Indemnisation des Accidents Médicaux (ONIAM) chargé directement de l'indemnisation.

Les Commissions de Conciliation et d'Indemnisation sont régionales et se saisissent par demande écrite avec constitution d'un dossier individuel et circonstancié. Le plaignant peut agir, seul, mais il lui est conseillé de se faire aider d'un conseil juridique, et éventuellement par un ou des experts médicaux qui aident le plaignant à formuler sa demande. La commission diligente une expertise qui établit s'il y a eu faute (civile) ou pas de la part du praticien mis en cause. Indépendamment de la reconnaissance de la faute, elle établit la nature et l'importance du préjudice subi par le patient, et décrète s'il y a matière ou pas à indemnisation. Si c'est le cas, c'est ensuite l'ONIAM qui est chargé de l'indemnisation de la victime. Des procédures de contestation sont prévues. En particulier s'il y a contestation sur le montant des indemnités, le plaignant peut saisir la juridiction civile.

L'ensemble de la procédure a les inconvénients inhérents à sa nature de procédure, c'est-à-dire qu'elle peut sembler longue au plaignant, mais il obtient une réponse, est écouté ; il voit sa plainte et sa souffrance reconnue, et son préjudice indemnisé. Procédure longue, qui a cependant permis de très gros progrès dans l'indemnisation de l'aléa thérapeutique, en adoptant une démarche qui va dans le même sens, et a des objectifs similaires à celle mise en place par les pays voisins. Le processus se déroule de la façon la plus objective possible et permet d'éviter les débordements d'affects, les confrontations brutales et les injures, qui ne servent à rien et surtout pas la cause de la prévention de l'aléa thérapeutique. Il est certain que les montants alloués n'atteignent pas les sommes faramineuses qui ont pu être attribuées dans certains procès américains, mais comme nous l'évoquions ci-dessus, ces pratiques sont fortement remises en question outre-Atlantique, car non acceptables dans la durée pour l'équilibre financier d'un système de santé. Il faut noter que le principe de fonctionnement des CRCI, pour mesuré qu'il soit, n'est pas pour autant indemne de critiques[17], ni supporté allègrement par les médecins, qui voit leur action soumise à une analyse stricte. Toute remise en cause de soi est pénible, même si elle est acceptée rationnellement, et si la plupart des médecins sont bien conscients de la responsabilité qu'ils portent dans l'exercice médical. Mais eux aussi peuvent s'expliquer clairement lors de la procédure et eux aussi sont écoutés.

Pour un plaignant souhaitant obtenir une réparation éventuelle, qui ne choisit pas la CRCI ou qui ne contacte pas directement l'assurance de son médecin, il y a tout d'abord, possibilité d'assigner l'équipe médicale devant le tribunal administratif, si l'accident médical s'est produit dans un lieu relevant de la Fonction Publique. Cette définition couvre les hôpitaux jusqu'à, plus rarement, les institutions étatiques. C'est une première possibilité, qui n'est pas ouverte à tous (puisqu'uniquement accessible à ceux qui ont subi un préjudice au sein d'une institution étatique), et qui est une spécificité française, un premier témoignage de la complexité du système dans l'hexagone. Devant le tribunal administratif, le plaignant plaide contre l'État, mais le contenu a le même sens que devant un tribunal civil, celui d'un litige

[17] Patrick MISTRETTA, *Les CRCI ou les désillusions du règlement amiable des litiges médicaux*, *La Semaine Juridique*, édition générale du 13 décembre 2006, I, 198.

entre particuliers, qui devient ici un litige entre un particulier et l'État, le premier demandant une réparation financière d'un préjudice qu'il aurait subi à la suite de la défaillance de l'institution étatique.

Pour la gestion des affaires médicales survenues dans le secteur libéral comme dans une institution de la Fonction Publique, le plaignant peut s'adresser, selon son choix, à un tribunal civil (pour le libéral) ou administratif (c'est l'équivalent du tribunal civil pour la Fonction Publique), ou bien s'engager d'emblée dans la procédure agressive, correctionnelle du tribunal pénal. Dans les deux cas, le plaignant se fait en général assister d'un avocat ou conseil juridique (la différence réside dans le fait que au pénal, seuls les avocats bénéficient de la possibilité d'intervention en justice), qui est sensé l'orienter vers l'une ou l'autre procédure. C'est donc le patient, inexpérimenté, ignorant, sauf exception, la médecine et la loi, qui va décider à l'aune de son jugement et de la subjectivité de ses émotions, avec ou contre l'avis de son conseil juridique, comment et où il va faire défendre ses intérêts, et par voie de conséquence, quel barème de sanction sera peut-être appliqué à un fait médical. Tout en étant identique, ce même fait médical aurait eu un tout autre "prix" pour un autre patient. Le médecin est donc à la merci d'un patient, envers lequel il avait une responsabilité certes, mais qu'il n'a aucunement choisi.

Devant le tribunal civil, il s'agit d'un litige entre particuliers, qui demandent à un juge de trancher, et ce sera au plaignant d'apporter la preuve de ce qu'il avance contre le médecin qu'il désigne. La procédure n'y est pas gratuite. Le médecin est poursuivi pour erreur ou faute (civile). Il y a eu préjudice et le plaignant réclame une réparation financière. C'est le système habituellement accepté (avec celui de la négociation directe avec les assurances) par la plupart des pays développés qui prennent en compte la notion de risque inhérent à l'exercice de la profession médicale, et ont définitivement éliminé le processus pénal des poursuites initiales en cas de préjudice médical.

En France, la plainte directe, en première intention, devant le tribunal pénal reste possible, et le recours au tribunal civil n'est qu'une possibilité ; le système pénal est d'emblée en vigueur. Devant le tribunal pénal, en France, le plaignant dépose une plainte, nominative ou contre X, au Parquet, auprès du procureur de la République, ou une plainte auprès du juge d'instruction. En effet, le droit français confère un statut et un pouvoir tout particulier au plaignant, devenu par sa plainte au pénal, la victime. Selon l'article 2 du Code de Procédure Pénale, « l'action civile appartient à tous ceux qui ont personnellement souffert du dommage directement causé par l'infraction ». Bien plus, selon et depuis l'arrêt de la Cour de Cassation du 8 décembre 1906 « la plainte avec constitution de partie civile devant le juge d'instruction, produit les mêmes effets que le réquisitoire introductif du procureur de la République ». Depuis 1906, ce n'est pas moins d'une vingtaine d'articles qui sont venus renforcer cette dernière disposition. En d'autres termes, pour tous ceux qui ne sont pas juristes, un plaignant quel qu'il soit et quelles que soient ses motivations, qualifie lui-même l'infraction dont il aurait été victime, et est suffisant à déclencher la procédure judiciaire, les magistrats devant donner suite à sa plainte, déposée devant le procureur ou devant le juge d'instruction. Le juge d'instruction est tenu (art 80-3 du Code de Procédure Pénale) depuis la loi du 15 juin 2000 d'aviser toutes les victimes potentielles de leur droit de se constituer partie civile, c'est-à-dire de s'ajouter à la liste des victimes. Le procureur a la même obligation (art 40-2 du Code de Procédure Pénale) s'il poursuit directement ou s'il classe sans suite (loi du 9 mars 2004) Ainsi, la tendance du législateur français, par rapport aux législateurs des autres pays européens, est de favoriser l'action des victimes par la voie pénale.

La plainte, dans laquelle la victime déclare avoir subi un acte criminel de la part d'un quidam, aboutira le plus souvent à la désignation du médecin comme étant ce quidam dans les affaires de responsabilité médicale. Lorsque le système judiciaire accepte la plainte déposée par le plaignant, la qualification du motif de celle-ci sera obligatoirement « coups et blessures », « homicide involontaire », « empoisonnement » et/ou « omission de porter secours » qu'on imputera à la « négligence (imprudence) » du médecin, laquelle est une faute au sens fort. La plainte au pénal ne peut revêtir que les oripeaux du délit ou du crime de droit commun. C'est la négligence supposée du médecin qui représente la base constitutive de la faute pénale (par opposition à la faute civile et à l'erreur), que la société ne peut pardonner et veut sanctionner, et sur laquelle le procureur va demander au juge d'instruction, au nom de la défense de la société, de diligenter une enquête. C'est l'instruction. « Qu'on poursuive pour négligence quelqu'un comme moi, qui a été toute sa vie un obsessionnel minutieux, voire un perfectionniste, c'est un comble », nous confiait récemment ce confrère, de façon tout à fait significative..... Il ne s'agit plus d'un litige entre individus, mais de sanctionner et d'empêcher un individu nocif de récidiver et de faire des émules. Il s'agit de punir, de dissuader, et le pénal a ainsi une vocation d'exemplarité, qui confine à la notion de morale. Il s'agit d'un problème de société et plus d'un problème de litige entre individus. C'est pourquoi, le pénal possède un caractère qui se veut infamant, et c'est pourquoi aussi c'est l'État qui prend en charge gratuitement toute la procédure dans les États de droit qui protègent leurs citoyens. Le pénal porte en soi sa propre dynamique, indépendamment de la plainte initiale de la victime, qui n'est que le facteur déclenchant. La saisine du procureur se fait donc facilement, car ce qui motive un parquetier, c'est la gravité du préjudice prétendu. En matière médicale, il n'est que trop facile, en Justicier, de proclamer : "Il y a eu un mort, c'est une affaire, très sérieuse !", en ignorant que ce pays compte 550000 morts par an environ (comme le Royaume-Uni et l'Italie, pays de taille et de développement comparable). Une fois enclenchée la procédure sur la simple acceptation de la plainte (nominative ou contre X), elle ne peut pas s'arrêter même si le plaignant souhaite la retirer. Le procureur peut toutefois classer sans suite, et, à défaut, la plainte suit son cours jusqu'à ce qu'il y ait non-lieu si l'information est ouverte, ou condamnation ou relaxe (c'est-à-dire une décision judiciaire déclarant qu'il n'y a pas de substance pénale permettant de continuer la poursuite).

Le pénal ne sanctionne « que » la faute et non pas l'erreur, mais établir que le médecin a commis une erreur (ou d'ailleurs pas d'erreur du tout, mais qu'il y a eu aléa thérapeutique) et non pas une faute, peut prendre des années. Le pénal a son propre sens de condamnation morale d'un individu, ici un médecin, indépendamment de l'évaluation et de la réparation des conséquences de l'acte médical délétère. Pour la réparation financière du dommage corporel présumé, son action devra de toute façon être complétée le plus souvent, par une action en responsabilité civile ou administrative.

Le juge d'instruction, magistrat indépendant, chargé par le procureur de l'instruction (enquête) est sensé instruire à charge et à décharge, pour se forger une intime conviction sur le cas qui lui est soumis, et qui est considéré comme un délit ou un crime de droit commun.

Vient ensuite une procédure de va-et-vient entre le juge d'instruction et le parquet (le procureur). L'instruction terminée, le juge renvoie le dossier avec le résultat de son instruction au procureur, qui à son tour décide au vu de ces informations judiciaires, de requérir contre le médecin ou pas, sachant que la fonction du procureur est d'accuser, pour défendre « au plus large » la société, et donc de requérir contre le médecin. Il renvoie son réquisitoire au juge, et c'est le juge, magistrat dont le statut garantit l'indépendance (c'est-à-dire qu' « il fait ce qu'il veut », mais dans quelles limites ?) qui décide ou pas d'envoyer le cas du médecin devant le tribunal correctionnel. Pour ce faire, le juge doit néanmoins démontrer l'existence de charges suffisantes. Au jour du jugement, devant un tribunal composé de trois autres magistrats et présidé par l'un d'eux, c'est le médecin qui sera dans le box des accusés. Un véritable piège s'est refermé sur lui, implacable à partir du jour où la victime ou son représentant s'est proclamée telle et s'est présentée au Palais de Justice.

Un classement sans suite ou un non-lieu peuvent se produire aux différents stades de la procédure, mais cette dernière a son propre poids, comme s'il y avait nécessité, une destinée obscure qui la porte à se dérouler inexorablement. Et, trois, quatre, cinq, six années s'écoulent. Ce n'est pas tout. Après le jugement du tribunal correctionnel, le médecin s'il est condamné, ou la victime, si le médecin est relaxé, peuvent faire appel devant la Cour d'appel, puis si nécessaire, et, si les conditions sont remplies, devant la Cour de cassation, voire la Cour Européenne, ces deux dernières institutions ayant des modes de saisine particuliers. Pour ces collègues d'un grand hôpital parisien, la procédure a duré neuf ans après le décès de leur patient…. Jusqu'à la relaxe finale, il faut le dire.

Pour mieux asseoir leur instruction, les juges couvrent large et additionnent si possible les charges. Voilà pourquoi le piège se referme avec tant de facilité sur le médecin. Et pourquoi le juge d'instruction est si prompt à faire passer le médecin du simple statut de "témoin assisté" (par un avocat, s'entend) à celui de "mis en examen", puisque sous cette dernière dénomination, il est autorisé à lui poser n'importe quelle question non seulement sur son cursus médical et son comportement au jour de l'affaire médicale, mais aussi s'il le souhaite, sur sa vie personnelle, ses origines sociales, l'état civil et l'adresse de ses parents, etc… Pour le médecin, le statut de « mis en examen » permet un accès à tout le dossier, ce qui aux yeux des magistrats, serait un avantage …. dont à vrai dire, l'intéressé se passerait bien….

Pour conduire l'instruction, le juge diligente les expertises judiciaires, confiées à des médecins experts judiciaires, sur lesquelles il y a beaucoup à dire. En plus de l'instruction 'à charge', le juge est également censé instruire 'à décharge', car c'est le cœur de métier de cette profession de démêler le vrai du faux, et de se forger une intime conviction dont devrait dépendre la 'manifestation de la vérité' donc l'équilibre entre les points positifs et les points négatifs. La loi (article 184 du code de procédure pénale) leur fait obligation de mentionner dans leur ordonnance de renvoi devant le tribunal correctionnel les éléments à charge et à décharge. Cette instruction à décharge est problématique dans sa réalisation, surtout à la période actuelle où il est question de modifier profondément le système judiciaire pénal, en supprimant le juge d'instruction pour confier l'enquête à charge au procureur, et le soin de la décharge et de la défense aux avocats seuls.

C'est donc sur la base d'un choix fait par le plaignant que les poursuites judiciaires peuvent facilement conduire le médecin devant un tribunal correctionnel. Avec pour conséquence ces plaintes au pénal, dont la formulation de la mise en cause revêt un caractère hyperbolique aux yeux des médecins et des observateurs, et diffusé par les médias.

Nous ne pouvons terminer ce résumé des dispositions juridiques s'appliquant aux médecins, sans replacer leur situation dans le cadre plus général de la responsabilité pénale, telle qu'elle est engagée depuis plusieurs années, à l'encontre d'autres professions ou types d'exercice. Les industriels, les élus, les enseignants, les responsables de toutes sortes ont eu à répondre devant le système pénal de leurs actions ou des accidents survenus dans le cadre de leur activité. Nombreux sont ceux qui ont exprimé leur mécontentement face à des décisions qui les frappaient à titre personnel en les condamnant alors qu'ils n'étaient pas directement responsables des faits ou accidents survenus. La législation a dû être aménagée La loi du 10 juillet 2000, dite loi Fauchon, a fixé une nouvelle définition des délits non intentionnels. Désormais, en cas de lien indirect entre la faute et le dommage, le délit ne sera constitué que s'il y a eu "violation manifestement délibérée d'une obligation particulière de prudence ou de sécurité". Le prévenu ne peut être condamné que s'il a commis "une faute caractérisée exposant autrui à un risque d'une particulière gravité qu'il ne pouvait ignorer". Cette délimitation plus exigeante des délits non intentionnels devrait recentrer la responsabilité pénale des élus, des professionnels, des médecins, sur les cas les plus graves ou les plus "manifestes". Il faut toutefois, pour s'en assurer, examiner l'application concrète que font de ce texte, les juridictions pénales. Les premières décisions laissent subsister des interrogations. Dix ans après la loi Fauchon, il s'avère de fait, que la Chambre criminelle a une interprétation beaucoup plus dure vis-à-vis des professions médicales, sur la question du lien de causalité, mais surtout sur la détermination du lien intentionnel, correspondant à la conscience que la personne est sensée avoir du risque auquel est exposé le tiers qui sera considéré comme victime. Que le médecin soit en position de devoir agir, et de devoir choisir entre plusieurs risques, sans possibilité de s'abstenir, ne semble pas entrer en ligne de compte.

Portrait d'Ellen Terry en LadyMacbeth, par John Singer Sargent (1856-1925), huile sur toile , 1889,conservée à la Tate Britain, Londres, d'après la pièce éponyme de William Shakespeare. Lady Macbeth est un des parangons de la Vengeance depuis la création de la pièce vers 1606. Plus littéraires, mais moins visuels, nous aurions pu choisir comme illustrations de la Vengeance et de son traitement par la Justice, à l'instar de Michèle Narvaez, Anne-Sophie Noel, Aude Volpilhac, dans leur ouvrage sur *La Justice à l'usage des étudiants de philosophie* (éd. Atlante, Paris, 2008), *Les Euménides*, cités plus haut, *Les Pensées* de Pascal (Trois discours), et *Les Raisins de la Colère* de John Steinbeck.....

2.2.2 Déontologie et Conseil de l'Ordre des médecins[18]

Le Conseil de l'Ordre des Médecins joue un rôle en matière de procédure disciplinaire. La loi du 4 mars 2002 a apporté un certain nombre de modifications, aujourd'hui applicables depuis la parution du décret n° 2007-434 du 25 mars 2007.

Les sections disciplinaires du Conseil régional et du Conseil national de l'Ordre sont désormais remplacées respectivement par des Chambres disciplinaires de première instance et par une Chambre disciplinaire nationale.

Cette dernière est toujours présidée par un conseiller d'État, mais ce qui est nouveau c'est que les Chambres disciplinaires de première instance sont aussi présidées par un magistrat, à savoir un membre du corps des conseillers des tribunaux administratifs ou des Cours administratives d'appel.

La présence d'un magistrat à la tête de ces chambres disciplinaires devrait améliorer le fonctionnement des procédures et la qualité juridique des décisions.

Les personnes autorisées à saisir directement, à l'encontre d'un médecin, une Chambre disciplinaire de première instance sont limitativement énumérées par le nouvel article R 4126-1 du code de la santé publique :

- le Conseil national ou le Conseil départemental de l'Ordre au Tableau duquel le praticien poursuivi est inscrit, agissant de leur propre initiative ou à la suite de plainte

- le ministre de la santé, le préfet du département, de région ou le directeur de l'ARH, le Procureur de la République,

- Un syndicat ou une association de praticiens.

Ni les patients plaignants (qui n'ont jamais eu ce pouvoir) ni les médecins (qui auparavant l'avaient) ne sont autorisés à saisir directement une Chambre disciplinaire de première instance. Un patient ou un confrère mécontent

[18] Voir site de la MACSF (Mutuelle d'Assurance du Corps sanitaire Français), Articles du 10 décembre 2012, Nicolas LOUBRY, et du 13 nov. 2012, Constance LOT de MANIQUET. Nous remercions également le Dr Walter Vorhauer, secrétaire général du Conseil National de l'Ordre des Médecins pour les précieux renseignements qu'il nous a fournis.

devront ainsi s'adresser au Conseil départemental de l'Ordre dont dépend le praticien, qui devra organiser une conciliation qui, si elle échouait, l'obligerait à transmettre la plainte à la Chambre disciplinaire de première instance.

Autre nouveauté importante : les auteurs des plaintes (et notamment les patients plaignants) ont désormais la qualité de parties, ce qui leur donne la possibilité de se faire assister ou représenter par un avocat devant la Chambre disciplinaire et de faire appel.

Toutefois, pour éviter certaines procédures abusives, le décret du 25 mars 2007 a prévu qu'un plaignant pourrait être condamné aux dépens en cas de plainte infondée et à une amende si sa plainte est résolument abusive et a pu porter préjudice au praticien poursuivi.

Il est à noter qu'il existe des dispositions spécifiques pour les praticiens du service public. En application de l'article L 4124-2 du Code de la Santé Publique, la plainte ne peut émaner que de certaines autorités limitativement énumérées (ministre de la santé, préfet, procureur de la République, directeur de l'ARH (Agence Régionale de l'Hospitalisation) et CRCI (commissions régionales de conciliation et d'indemnisation)). qui saisissent directement la chambre disciplinaire de première instance dont dépend le praticien, sans passer par le conseil départemental. Les praticiens chargés d'un service public sont en revanche à l'abri des plaintes en provenance d'un patient ou ses ayants droit, d'un syndicat, ou d'un confrère. Le Conseil Départemental de l'Ordre, lorsqu'il est saisi par l'un d'eux, doit obligatoirement transmettre la plainte après en avoir accusé réception, excepté si le plaignant se désiste bien entendu (et contrairement à la plainte au pénal). La recevabilité de la plainte ne pourra être jugée que par la chambre disciplinaire de première instance.

Une fois la plainte transmise à la chambre disciplinaire de première instance, le praticien sera en outre tenu de répondre en déposant un mémoire en défense, comme pour tout contentieux disciplinaire. Ce n'est qu'après instruction du dossier, et audience, que la plainte pourra finalement être déclarée irrecevable.

Bien entendu, ces dispositions intéressent, en premier lieu, les praticiens hospitaliers, pour les actes accomplis dans le cadre du secteur public. L'article L 4124-2 du CSP s'applique également aux praticiens exerçant une fonction publique comme, par exemple, les experts judiciaires qui exercent une mission d'auxiliaire de justice, les médecins-conseils de la CPAM (Caisse Primaire d'Assurance Maladie), les conseillers ordinaux, le médecin dirigeant un centre de planning familial, ou le médecin directeur d'un centre régional de lutte contre le cancer.

Les sanctions disciplinaires sont au nombre de quatre : l'avertissement, le blâme, l'interdiction d'exercice et la radiation. Les interdictions d'exercice de quelques mois au maximum seraient au nombre d'une cinquantaine par an environ à l'échelon national. Les radiations demeurent rares. Il n'y a pas de radiation définitive. Au bout de trois ans, le radié est autorisé à faire une nouvelle demande d'exercice. Il faut enfin mentionner que tous les appels sont suspensifs. Le Conseil de l'Ordre est tenu d'appliquer les sanctions pénales éventuelles, mais c'est lui qui décide des quantums.

Ces nouvelles dispositions appellent quelques commentaires :

- La possibilité pour le patient plaignant de faire appel de la décision de première instance augmente le nombre de procédures auprès de la Chambre disciplinaire nationale. C'est le cas aussi, dit-on, devant la Cour du système pénal, et cette lourdeur pose questions et problèmes.

- En l'absence de statistiques aussi bien au Conseil de l'Ordre qu'au tribunal de grande instance, il est impossible de dire si ces nouvelles dispositions des procédures disciplinaires, qui renforcent leur cadre et leur fonctionnement juridique, permettent une diminution des plaintes au civil et au pénal, un élément qui permettrait d'éviter l'engorgement de la justice et d'accélérer le traitement des affaires de responsabilité médicale qui durent des années.

- Il est également difficile de dire combien de plaintes portées devant une juridiction pénale ou civile, échappent au Conseil de l'Ordre, puisque le patient plaignant est libre de ses choix et peut ne jamais avoir saisi le Conseil de l'Ordre.

- La possibilité pour le plaignant d'engager de multiples procédures, est source de complexité en matière de mesures d'application, puisque la procédure disciplinaire à l'Ordre est en général plus rapide que celle du pénal, engendrant ainsi de possibles contradictions dans ces mesures.

- Les différences entre le secteur public et le secteur de plus sont une fois de plus soulignées en France. La rédaction du commentaire de la juriste de la MACSF à laquelle nous empruntons les détails du fonctionnement des procédures disciplinaires est éloquente. « *Contrairement à ce que certains pourraient penser, les praticiens chargés d'un service public ne bénéficient nullement d'un régime d'impunité leur permettant de se soustraire à leurs responsabilités. Étant déjà soumis, de par leur statut, à un régime disciplinaire spécifique (prévoyant des sanctions du ministre de la santé, après avis, en cas de faute ou d'insuffisance professionnelle), ils bénéficient simplement de règles particulières pour éviter de devoir répondre de deux procédures disciplinaires distinctes.* », dit-elle. Cet exercice de dénégation souligne bien qu'il y a, présente dans l'esprit de son lectorat, la notion de deux poids, deux mesures. De plus c'est bien une réalité, puisque la législation cherche à protéger les praticiens du secteur public (les hospitaliers tout au moins) des procédures multiples. Ce n'est pas le cas des praticiens libéraux. De nombreux plaignants jouent plusieurs cartes à la fois et portent plainte en même temps au pénal, au civil, à la CRCI, à l'Ordre…

3 Une instruction à charge et, aussi, à décharge ? Là est la question...

3.1 Comportements contemporains

« Homicide involontaire et omission de porter secours ». Voici un médecin, dans le cadre jusqu'ici sans histoire d'un exercice, ardu, mais digne, potentiellement catapulté dans les rangs des repris de justice de droit commun, par les soins de la famille d'un patient décédé qui s'est déclarée victime et a porté plainte auprès du juge d'instruction au pénal. Pas tout à fait certes. Nous sommes dans un État de Droit, et il est admis qu'il a droit à une défense. Mais déjà la machine s'est mise en route et s'emballe, promettant un long parcours, dans lequel le médecin, à son corps défendant, doit tenir le rôle du méchant, du fautif, de l'ennemi public.

Le statut de victime (qui peut être le reflet de profondes souffrances) garantit l'oreille bienveillante du système judiciaire, qui, pour faire bonne mesure, met en doute en retour chacune des déclarations du médecin, au motif qu'elle ne serait dictée que par le souci d'éviter un juste châtiment et de se disculper. Car c'est bien de cela qu'il s'agit : d'emblée, dès avant l'instruction et l'enquête, le médecin est coupable, et mérite une punition. Le bien-fondé de l'accusation de quiconque (*everybody which is anybody*, chacun c'est-à-dire n'importe qui, disent les Anglo-Saxons), n'est pas mis en doute. La victime est sacralisée et le médecin diabolisé. C'est pour plusieurs années un jeu de rôle, imposé pour ce qui est du médecin, digne du titre français d'un film célèbre de Mankiewicz[19]... C'est le dénonciateur qui donne le ton, avec le secours bienveillant des pouvoirs publics. Cette pratique du droit, compréhensible si ce n'est excusable, dès avant toute décision de justice, lorsqu'il s'agit d'actes volontairement et visiblement délictueux (comme le viol, l'agression, le meurtre, l'abus sur mineurs, etc...), s'est étendue en France, pour des raisons peu claires, aux aléas de la prise en charge thérapeutique, à des faits commis ou survenus involontairement, dans le cadre d'un exercice professionnel normal et loyal. C'est une atteinte directe et frontale à la dignité du professionnel. Il est

[19] *Blanches colombes et vilains messieurs*, titre français du film de Joseph L Mankiewicz, *Guys and Dolls*, 1955

considéré comme un fautif-malfaisant, dès le début de l'instruction c'est-à-dire bien avant qu'aucun fait réel n'ait été établi.

Il est vrai que les actes volontairement délictueux et graves (faisant encourir quinze ans d'emprisonnement minimum) conduiraient le délinquant aux Assises. En matière médicale, le caractère présumé involontaire de l'acte, vaut « seulement » au médecin le pénal et le tribunal correctionnel (dix années de prison maximum encourues).

On verra que pour évaluer la portée d'un acte médical, les juges se réfèrent beaucoup, hors de tout cadre juridique, au principe de précaution. Mais ils n'usent pas de ce principe vis-à-vis de la présomption d'innocence du « mis en examen », ni au recul qui serait nécessaire par rapport aux déclarations des dénonciateurs. On ne les voit guère se répandre sur le fait qu'un « mis en examen » n'est qu'au début d'une enquête, et que les propos des victimes doivent être considérés avec pondération, dans des domaines très techniques où les faits sont difficiles à analyser et à comprendre. Une autre pratique qui signale le peu de cas qui est fait de la présomption d'innocence, est l'habitude, qui semble s'instaurer pour certains juges d'instruction de demander au « mis en examen » de verser une caution, le juge semblant ainsi présumer que ce dernier sera inévitablement condamné. Le juge fixe la caution selon son bon vouloir sans se préoccuper de savoir si elle va mettre le médecin en difficulté, et cela, avant même que toute culpabilité ait été prouvée et alors que dans plus d'un cas sur deux le médecin sera relaxé. Si le mis en examen est relaxé, la caution lui sera rendue… avec la lenteur administrative[20]. Sur le fond, intellectuellement, que peut penser un médecin relaxé de ce procédé qui consiste à lui faire payer d'avance une faute qu'il n'a pas commise, et dont le tribunal d'ailleurs le relaxera ? Rappelons également que ces « cautions » pénales sont entièrement à la charge financière des mis en examen. Les assurances professionnelles médicales ne couvrent pas les amendes et autres cautions punitives du système pénal.

Pour éviter cette déviance (l'attaquant donne le ton et le style de la poursuite judiciaire), en toute logique, le professionnel de la médecine, légitimement soucieux d'assurer sa protection, devrait prendre les devants, et entamer

[20] Le sens du versement de la caution est ubiquitaire et quelque peu difficile à saisir. Il s'agit d'une part d'une mesure de contrôle judiciaire, destinée à s'assurer que le mis en examen ne s'enfuira pas vers quelque lieu reculé du globe (?), et d'autre part d'une garantie de solvabilité (?) tout aussi étonnante quand on sait que les indemnités de responsabilité civile, s'il doit y en avoir, seront prises en charge par les assurances du médecin en secteur libéral ou l'Etat dans la fonction publique. Les amendes seules, s'il y en a, seront à la charge du condamné. Dans tous les cas, ce versement préalable de caution ne tient pas compte de la présomption d'innocence.

immédiatement une procédure contre le moindre malade difficile, la moindre évidence de mauvaise foi de sa part. C'est lui alors qui pourrait s'appuyer sur le statut de victime et inverser la charge de la preuve (à supposer qu'il soit aisé, le cas échéant de se défendre en diffamation...). Les médecins sont traditionnellement trop protecteurs de leurs patients pour privilégier ces solutions. Mais déjà, certains sites internet d'information et de formation destinés à la profession médicale, tel Univadis, recommandent de signaler par lettre confidentielle et au Conseil de l'Ordre, les cas qui paraissent menaçants au médecin consultant. Le Conseil de l'Ordre a lui-même émis une fiche de recommandation à ce sujet. Peut-être cette pratique est-elle appelée à se développer. Elle relève en tout cas d'une certaine cohérence. Il s'agit seulement de prendre date dans un processus qui s'avère menaçant, et cette idée mérite sans doute réflexion.

Il faudra bien cependant que la profession s'organise, quand le nombre de médecins poursuivis augmente chaque année et que tous disent se sentir menacés par l'épée de Damoclès de l'assignation en justice, en particulier de la plainte au pénal. Tous savent depuis leurs premiers pas à l'hôpital, en troisième ou quatrième année d'études médicales, que ce métier est difficile. Il est fait de tâtonnements, de choix entre des solutions dont aucune n'est idéale et qui ne peuvent être esquivés, d'erreurs (oui d'erreurs) qui sont rattrapées ou corrigées par le recours à la discussion et à l'aide confraternelle, d'une vigilance active, mais parfois prise en défaut, car les médecins ne sont que des êtres humains. L'erreur peut concerner les meilleurs d'entre les médecins. *« Lorsque j'étais jeune chef de clinique,* raconte ce réanimateur, *nous avons reçu dans le service, un des plus avancés de Paris, une dame de 60 ans avec une miliaire (une maladie respiratoire gravissime et rare, pour laquelle la radiographie pulmonaire montre de multiples nodules de la taille d'un grain de mil, d'où le nom). Nous savions tous que les deux premiers diagnostics à évoquer sont la tuberculose et la sarcoïdose, avant la dissémination d'un cancer venu d'un autre organe. Le chef de service l'examine et déclare au vu des premiers examens, peu parlants, que selon lui c'est une sarcoïdose et qu'il faut prescrire le traitement en rapport. Il avait une expérience, incontestée, incontestable, reconnue, et bâtie au cours d'une vie qu'il passait depuis toujours presque entièrement à l'hôpital. Sans doute avait-il ses raisons, cliniques, de privilégier ce diagnostic. Nous étions en droit et en devoir de suivre ses avis. Nous n'avons dû, mon collègue et moi-même, qu'à un certain esprit de système, l'idée de mettre aussi la patiente sous traitement antituberculeux. Nous ne voulions pas multiplier les médicaments, et nous nous reprochions à nous-mêmes de surenchérir sur ce qu'avait demandé le chef de service. La malade décéda huit jours plus tard, et l'autopsie montra qu'il s'agissait d'une tuberculose. La grande expérience du chef de service l'avait induit en erreur, et nous, parce que nous avions tâtonné, nous étions sur la voie du vrai. Un cas grave d'ailleurs, son destin était scellé malgré les traitements»*

L'état d'esprit général change. La société a longtemps laissé les médecins assumer ces difficultés, c'est-à-dire à la fois les identifier, les gérer, et elle a présumé que s'il y avait des erreurs, elles étaient dues à la fatalité, plus forte, à un instant donné, que le savoir médical de l'époque. Prenons un exemple paradigmatique. Il était admis dans le code des comportements traditionnels, qu'un médecin n'assistait pas, ne devait pas assister, aux funérailles de son patient. Cette attitude simple et digne résumait bien ce que la société pensait pouvoir attendre et demander à son corps médical : devant l'échec des soins, le médecin reconnaissait modestement son insuffisance, mais on lui reconnaissait aussi le droit à l'absence auprès des proches lors de l'enterrement, lui évitant ainsi la manifestation de rancœurs que tous savaient inutiles. Le médecin avait fait de son mieux, mais le destin, le *Fatum* avait un pouvoir supérieur. Désormais, cette société, qui culturellement visait à l'équilibre et à l'harmonie, selon Fernand Braudel[21], est transformée par l'individualisme et le refus de la mort. Celle-ci n'est plus un phénomène naturel, le terme inéluctable et accepté de la présence humaine au monde, mais un scandale[22]. Et la phrase de Georges Canguilhem «*Les maladies sont les instruments de la vie par lesquels le vivant, lorsqu'il s'agit de l'homme, se voit contraint de s'avouer mortel* » perd peu à peu de son sens dans notre inconscient collectif[23], comme l'aphorisme de Jules Renard " « *les maladies sont les essayages de la mort* »[24]. Il existe désormais non seulement un « droit aux soins », mais un « droit à la santé », et la notion d'obligation de résultat (quoiqu'absente du statut médical) s'est immiscée dans l'esprit de chacun, qui aspire à la « guérison ». Pourtant, il demeure vrai qu'il est déjà beaucoup qu'il puisse y avoir amélioration de l'état de santé dans nombre de cas, et que par ailleurs les échecs demeurent une réalité.

Bien plus, la société prétend se saisir des enjeux qui étaient jusqu'à récemment l'apanage des professionnels. Elle veut avoir un droit de regard sur les actions conduites par ceux-ci pour faire reculer la mort et les menaces

---

[21] Fernand Braudel, *L'identité de la France*, Les hommes et les choses, tome I, Arthaud 1986, Paris, voir chapitre 1

[22] *René Girard*, Je vois Satan tomber comme l'éclair, Robert Laffont, Paris, 1999, voir chapitre 1

[23] Georges Canguilhem, *Ecrits sur la médecine*, Seuil, Paris, 2002, p 48.

[24] *Maladies : les essayages de la mort.*: Jules Renard, (*Journal (20 janvier 1902)*, p.568, Éd. Robert Laffont coll. Bouquins.)

qui pèsent sur l'homme. Mais ce droit de regard ne peut se concevoir toutefois que bien informé et conscient des limites de l'exercice des professionnels.

L'exercice médical dépend du *state of the art*, l'état de la connaissance scientifique dans chaque domaine, mais il est aussi fortement tributaire des contingences incontournables de la vie. Le malade n'est pas que le porteur d'une maladie, il a un entourage, des obligations sociales et professionnelles, des désirs, des appréhensions, des préjugés. Le médecin est tenu de proposer au patient des solutions thérapeutiques, mais c'est ce dernier qui donne son consentement informé à l'action du praticien. Pour les situations difficiles (urgences, risque thérapeutique particulièrement élevé, enjeux thérapeutiques difficiles à comprendre), il est imposé de faire signer au patient un document écrit résumant les informations données et les propositions thérapeutiques faites au malade. Le médecin peut recommander une hospitalisation, mais que faire si le patient la refuse parce qu'il avait d'autres projets qui lui paraissent plus pressants ? Il y a donc un nécessaire compromis avec la vie, dont le professionnel assume de fait la pleine responsabilité. Les lois imposent ce qui doit être, mais ni ne s'embarrassent de leurs propres contradictions, ni ne tiennent compte de la réalité. Au professionnel de gérer entièrement les difficultés que leur application engendre. Le médecin doit hospitaliser le patient dont l'état lui paraît relever de l'urgence, mais il doit aussi obtenir le consentement du patient à cette action. S'il n'hospitalise pas, on lui reprochera de ne pas s'être imposé. S'il le fait, on lui reprochera de ne pas respecter la liberté individuelle. Quant à l'obtention du consentement ou du refus signé du patient, déjà peu aisé dans des situations calmes (l'individu qui rejette ce qu'on lui propose est aussi souvent en situation de déni par rapport à son propre rejet), elle devient pleinement illusoire dans un contexte d'urgence. On peut aussi s'interroger sur l'apport réel, sur le fond, du consentement éclairé. La signature d'un acte recensant les pires choses pouvant arriver au patient, quoique de façon très improbable, n'est pas rassurante et met l'accent non pas sur le réel, mais sur le pire. On pourrait y voir une forme de désinformation. L'espace culturel français est peu favorable à l'expression écrite. Beaucoup de personnes refusent de signer un texte qui les engage. L'impression qu'elles sont manipulées (alors même que le document écrit est gage de clarté) domine fréquemment. Pourtant si la menace se précise, si le danger prend corps, le malade sera prompt à reprocher au médecin de n'avoir pas agi pour l'éviter. On pourrait donc très légitimement s'interroger sur les aspects contre-productifs du consentement éclairé.

C'est qu'au moment de sa décision (vais-je hospitaliser ?) le professionnel a fait ou mis en application un calcul de risque, et que le hasard (ou la nécessité.....), en tout cas les forces qui agissent dans la survenue des événements, ont déjoué ce calcul. Le professionnel ne peut pas prédire l'avenir et s'il y a calcul de risque, c'est précisément à cause de cela. Le risque est une réalité au contenu incontournable. Le juge le considère a posteriori comme un pari gratuit du médecin. Pour avoir un droit de regard sur l'action des professionnels, la société doit assumer aussi les conditions de leur action, sinon elle se décrédibilise elle-même, et elle se met en position d'exercer sur ses professionnels une pression intolérable et injustifiée.

Accuser d'une faute (c'est-à-dire d'un acte contraire aux principes reconnus vrais à 100 % par 100 % des praticiens d'une profession) celui qui n'a fait qu'une erreur (c'est-à-dire un mauvais calcul de risque), constituerait une forme de harcèlement qui pourrait avoir des conséquences lourdes : non seulement les principes seraient bafoués dans un État qui se veut un État de droit, mais les professionnels pourraient être amenés, dans le légitime souci de se protéger, à observer des comportements qui ne serviraient pas l'intérêt général. Refus des responsabilités ou au contraire, surenchère d'actes inutiles et/ou coûteux.

Les médecins ont le droit, si ce n'est le devoir, de refuser un acte dont il ne peut maîtriser la réalisation : vont-ils devoir refuser les urgences parce que la prise en charge de l'une d'entre elles pourrait s'avérer inefficace, et que ce serait considéré par la société comme une faute ? Vont-ils à l'opposé devoir hospitaliser tout enfant fiévreux, pour le cas statistiquement faible, où il s'agirait d'une méningite purulente ? Tout mal de tête pour le cas tout aussi peu probable où on aurait affaire à une hémorragie méningée ? Et toute douleur thoracique fugace avec électrocardiogrammes normaux, par crainte de l'infarctus du myocarde ? Nos services de santé, déjà coûteux et surchargés, n'y survivraient pas. La pratique de la médecine, c'est la recherche de l'acte adapté à chaque situation dans le meilleur intérêt de chaque malade. Le médecin doit faire des choix, et le choix s'accompagne obligatoirement un jour ou l'autre de l'erreur. La société doit l'assumer, sans rechercher compulsivement la faute, ou elle n'aura plus de médecins. Quelle raison y aurait-il de choisir une discipline, dans l'exercice de laquelle l'impétrant sait à l'avance qu'un jour ou l'autre (ou plusieurs fois) sa bonne volonté lui sera forcément reprochée comme un délit ?

Que faire pour protéger un exercice soumis par essence à l'aléa thérapeutique, et à des obligations de plus en plus souvent contradictoires entre elles ? La société a-t-elle intérêt à faciliter ou favoriser la mise en cause d'une profession dont elle sollicite par ailleurs à cor et à cri l'intervention ? Les invités des débats médiatiques, le personnel politique, les porte-parole des associations de défense font constamment référence aux droits des victimes, réputés bafoués dans le monde qui nous entoure. Nul ne saurait contester les misères du monde, les coups du sort terribles, la dureté de certaines situations. Le médecin, qui est aussi citoyen, est particulièrement bien placé pour le savoir. Ce désir de justice doit-il pour autant se retourner contre une profession dévolue à l'aide de ses semblables ?

Le grand escalier du Palais de Justice, dans Honoré Daumier, *Les gens de justice*, 1845-1848

Avocat allant plaider - Statue originale, place du palais de Justice, Vesoul, Haute-Saône, sculpteur Pascal Coupot

3.2 *Le système judiciaire pénal, cet inconnu*

« Mais qu'est-ce que c'est, le pénal ? » dit à ce confrère, en 2012, un de ses meilleurs amis, pourtant médecin chevronné et intellectuel reconnu, jamais en retard d'une lecture, lorsqu'il lui annonce que la famille d'un patient a porté plainte auprès du procureur de la République, contre un confrère et ami commun. Constatons-le d'emblée, les médecins sont globalement ignorants de la procédure pénale. En cette deuxième décennie du XXIème siècle, nous sommes dans une période de très lente prise de conscience par les médecins, qui contraste avec l'activisme de certains plaignants. L'attitude individuelle des professionnels varie du déni au fatalisme résigné, qui cependant devient exaspération et vif sentiment d'injustice lorsqu'eux-mêmes ou un proche, famille ou relation de travail sont concernés. Interrogés directement sur le sujet des poursuites judiciaires, la grande majorité des médecins, considère que le problème des poursuites judiciaires potentielles à leur encontre pour faits professionnels, est un fléau et une menace bien réelle.

En droit français, la personne qui s'estime lésée et veut réclamer justice a le choix entre assigner la partie adverse devant un tribunal civil ou porter plainte devant un tribunal pénal. Devant un tribunal pénal, elle prend le statut de victime et c'est la société et son bras armé, la magistrature, qui prend alors sa défense au nom des grands principes de l'État de Droit et de la Justice (cf. le paragraphe législation française dans le premier chapitre).

Ces dispositions ne laissent pas de surprendre, car être victime au pénal peut correspondre à des faits et des situations bien différentes. Cette jeune femme, caissière dans un supermarché, est attaquée à coup de barres de fer et de crics, par une bande de malfrats qui veulent dérober la caisse en représailles à l'égard de son patron, qui les a empêchés de chaparder quelques jours plus tôt. Blessée et choquée, elle doit être hospitalisée. Elle ne sait pas qui étaient ses agresseurs, mais elle peut parfaitement qualifier l'infraction, que représentent ces coups violents. Elle porte plainte contre X pour coups et blessures. Ces faits sont insupportables, et nous imaginons aisément que tout lecteur ici, soutient moralement, et sur le principe, son action. Tout ceci est parfaitement démocratique. Bien différent est le cas de cette femme dont le fils de 10 ans décède après une intervention sur l'abdomen, pour appendicite présumée, nous dit-on. Elle porte plainte pour homicide involontaire. Ce décès est insupportable aussi, chacun le comprend aisément, la douleur de cette femme doit être immense et n'appelle que le silence respectueux. On ne saurait lui reprocher d'avoir demandé une enquête, elle exprime sa douleur comme elle peut, dans le système tel qu'il est, et chacun compatit. Ce qui est moins tolérable, c'est que le système la pousse à demander cette enquête, sous la forme d'une accusation d'homicide involontaire au pénal, immédiatement reprise par les médias, qui jettent le discrédit directement ou indirectement sur le chirurgien, colporte des rumeurs plus ou moins fondées et des phrases tronquées, suggère des hypothèses sur le décès, alors qu'à ce stade personne ne connaît la réalité des faits. En 1900 encore, l'appendicite tuait tous ceux qui en étaient atteints, elle tue encore dans de nombreux pays, et il est déjà tout à fait remarquable qu'à l'heure actuelle, en Europe, l'immense majorité des patients soit opérée sans séquelle. « L'immense majorité », cela veut dire qu'il serait illusoire de penser que désormais 100% des appendicites sont sauvées. Il y a toujours la possibilité de quelques cas très graves, pour des raisons anatomiques, bactériologiques, immunologiques ou autres, et ils ne sont pas une raison pour hurler au loup contre les professionnels, avant même qu'on ne dispose éventuellement d'éléments pour le faire. Ce n'est pas de l'information, c'est de la désinformation, c'est antidémocratique. Le problème du système français, c'est qu'il permet à cette dame de qualifier elle-même l'infraction qu'elle aurait subie, alors même qu'en ce jour de deuil épouvantable, elle ne peut pas savoir si elle a subi une infraction, s'il s'agissait bien d'un homicide et pas seulement d'un cas naturel de maladie particulièrement grave. Cette dame et tout le système de santé ont évidemment droit à une enquête complète, dans l'intérêt collectif. Point n'est besoin qu'elle soit présentée sous un jour *a priori* extrêmement négatif pour le praticien. Au moins dans ce cas, l'hôpital et les services du procureur se sont-ils abstenus de toute déclaration, ce qui est un bon début pour faire espérer une enquête diligente et sereine[25].

Il existe une différence de traitement entre la victime au pénal et le plaignant au civil. Il existe également une différence de traitement du médecin, entre le civil où il représente la partie adverse et le pénal où il est considéré comme un délinquant potentiel. Au civil, deux individus censés être à armes égales pour un certain préjudice à indemniser, chacun devant organiser et financer sa défense. Au pénal, où le plaignant devenu victime, a pu entraîner le système et a éventuellement, de plus, réussi à intéresser un magistrat à l'affaire, des poursuites contre le mis en examen avec un plaignant qui n'a plus qu'à regarder et souffler sur les braises de temps en temps pour les réchauffer, puisque l'autorité judiciaire se charge de mettre en état le dossier, évitant notamment au plaignant de se voir imposer la charge des expertises. Et, paraît-il, au total, une meilleure exécution des décisions de justice, même si les indemnisations n'y sont pas plus importantes, la reconnaissance pénale

[25] Pour la réflexion, qui ne saurait être qu'anonyme, sur ces deux cas, voir les journaux télévisés et la presse de la semaine du 10 novembre 2014.

de l'action infamante étant considérée parfois comme réparant une partie du préjudice moral. Donc au-delà même du désir de revanche plus ou moins symbolique, mais mieux reconnu au pénal, des retombées matérielles plus consistantes, même si elles sont indirectes et dues à des dépenses moindres . Ces attentes en terme de retombées matériellcs, seraient, nous indiquent ces deux magistrats, qui connaissent particulièrement bien la mécanique de l'instruction pour avoir exercé puis présidé des chambres de l'instruction, en bonne partie illusoire, car les deux types de juridictions appliquent ce qu'on appelle la nomenclature Dhintillac, lorsque les blessures involontaires ont été retenues. Pourtant, il existe une sorte de croyance tenace que le pénal serait plus rentable financièrement pour la victime.

Pour le médecin, au contraire, le plaignant et son type de plainte, sont déterminants dans les suites de l'affaire et les sanctions éventuellement infligées. Les avocats qui conseillent les plaignants portent donc aussi une lourde responsabilité, dans le choix du type de conseils qu'ils peuvent leur prodiguer. Permettre à tout plaignant de choisir la voie du pénal parce qu'il croit ou soupçonne, peut-être à tort, qu'il y a eu une faute médicale, revient à placer le monde médical à la merci des fantasmes de chacun, exaltés par la douleur et la peine devant la souffrance d'un être cher, ou exacerbés par ce qu'il prend pour une menace de ses intérêts. Il en est pourtant ainsi. L'ensemble du système fonctionne comme la *bocca della verità*, cette boîte à lettres encastrée dans la façade du Palais des Doges, et dans laquelle on recueillait les dénonciations anonymes sous la Sérénissime[26]. La dénonciation est en droit pénal français nominative, et pas anonyme comme à Venise, mais c'est une dénonciation aussi, et l'impunité du dénonciateur est garantie par le système judiciaire et non plus par l'anonymat. La dénonciation se fait sur les apparences, et c'est au médecin qu'il incombera de démonter ces apparences.

[26] Selon l'éminent spécialiste de l'histoire de la Sérénissime, que fut Frederic C Lane, (1900-1973), la dégradation du système judiciaire encourageant la vindicte et la manifestation des bas instincts (entre autres la dénonciation) sous couvert de protection de la liberté individuelle au XVIIIe siècle, fut une des causes majeures de la dégénérescence de cette société remarquable que fut par ailleurs la Sérénissime, avant le coup fatal que lui porta Bonaparte en 1797. Frederic C Lane, *Venice, A Maritime Republic*, pub. Johns Hopkins University, Baltimore, 1973, traduit en français, *Venise, une République Maritime*, éd., Flammarion, "Champs" Paris, 1999

La veuve lors d'une consultation, dans *Les gens de justice,* publié en 1845-48, lithographie extraite de l'édition originale , (pour les lecteurs intéressés voir la réédition. Michel Trinckvel, Paris, 1966), L'ouvrage comporte plusieurs dizaines de lithographies (38 initialement) et Daumier revient plusieurs fois sur le thème du veuvage (et de l'orphelinage[27]), un fait social qui influait beaucoup plus fortement qu'aujourd'hui, sur la condition des familles, alors même que les veuves géraient légalement leurs biens éventuels. Avec acuité, il met en image, à la fois, la détresse des situations, et les débordements affectifs, voire les dégoulinades auxquelles ces situations pouvaient donner naissance. Ses dessins, dans leur complexité assumée sans ambiguïté, portent le spectateur à une réflexion qui nous paraît toujours actuelle.

[27] L'orphelinage, le fait d'être orphelin, est un terme peu usité en français, contrairement au terme veuvage. Il existe cependant, et est essentiellement utilisé de nos jours par les organisations humanitaires et caritatives.

3.3 *Le pénal, un piège protéiforme*

3.3.1 Légèreté des dénonciations.

Un patient décède à 59 ans, la famille estime qu'il était trop jeune pour mourir et décide de poursuivre le médecin qui l'a reçu quelques heures avant sa mort. Le Procureur ordonne une instruction, car « c'est une affaire très sérieuse, il y a eu un mort », comme s'il s'agissait d'une personne retrouvée avec une balle dans la nuque ou d'un parricide avéré, et en négligeant le fait qu'il y a 1600 morts par jour (550 000 par an environ selon les années), dont 20 % a moins de 65 ans (oui, 110 000 morts de moins de 65 ans par an), en France, pays de 65 millions d'habitants, à peu près comme chez nos voisins de taille identique et de développement comparable, le Royaume-Uni et l'Italie. Si nous déroulons l'idée jusqu'au bout, est-ce à dire que les procureurs pourraient poursuivre 1600 médecins par jour, tant que la France est encore un pays développé, où la majorité des décédés ont été vus dans les jours précédant immédiatement le décès par un médecin? L'agressivité de la plaignante (et de son conseil, qui agissent sur rumeurs), et qui n'a jamais rencontré le médecin, ne comptent pour rien. « Elle a bien le droit » de se défendre comme elle le veut, les dénonciations sont des pistes très fiables, et puis, apprend indirectement le médecin, la plaignante, qui selon toute évidence, ne redoute ni les procureurs ni les journalistes, comme la suite le montrera, aurait trop peur qu'on lui raconte des fadaises, que le médecin la manipule. La loi Kouchner (2002) donne accès au dossier médical du malade, au patient lui-même ou à ses ayants droit. Le médecin se conformerait strictement à la loi si on le sollicitait, il donnerait des explications, décrirait la situation dans laquelle il s'est trouvé, mais la plaignante ne l'a aucunement contacté. Le système l'autorise à attaquer en justice, au pénal, sans avoir jamais au préalable demandé à voir ni le médecin, ni le dossier. Elle préfère déléguer les droits qu'elle pense avoir, à la Justice. Et le procureur, qui ne considère pas devoir conseiller la prudence et un entretien préalable d'explication avec le médecin, ni endosser un rôle de médiateur, mais celui de défenseur de la victime, de la veuve et de l'orphelin, entérine la plainte. Il lui faut se porter, et faire savoir qu'il se porte, solennellement, au secours de la victime, réputée n'avoir aucun moyen physique, mental, intellectuel, langagier ou social de se faire entendre et de se défendre.

Or, il se trouve que le monde médical ne fonctionne pas ainsi, et il a le droit, nous semble-t-il, que ses règles de fonctionnement, dictées par l'usage, la prudence et la sagesse soient respectées. Comme ils l'ont appris lors de leur formation hospitalière et vérifié dans leur pratique, les médecins sont là pour répondre aux questions qu'on leur pose, mais certainement pas pour se précipiter pour donner des explications à des personnes qui n'en demandent pas. Ce serait s'exposer à n'être pas compris, à induire une anxiété inutile, à ne pas être au bon niveau d'information, à dire des choses qu'au fond le patient ou son ayant droit préfère ne pas entendre. Tout au plus le médecin peut-il encourager le patient à lui poser des questions. Si le patient a le droit de savoir, il a également le devoir de poser des questions. C'est ce qui est fait de plus en plus souvent. C'est donc le patient ou ses ayants droit qui demandent, et le médecin répond. Partout, à l'hôpital, en médecine praticienne, en France, à l'étranger, c'est ainsi que les choses fonctionnent et dans l'immense majorité des cas, y compris avec des personnes en situation difficile, ceci est parfaitement compris. Permettre à un plaignant de court-circuiter cet ordre presque naturel des choses, en tout cas cette règle tacite, mais bien motivée, c'est mettre le médecin en grande difficulté et agir avec déloyauté à son endroit. La déontologie n'est pas qu'une obligation du corps médical. Elle doit aussi s'exercer envers lui. Le patient a droit à une discussion, mais le médecin aussi.

Le processus pénal est un cauchemar. C'est le médecin qui devient victime d'un processus judiciaire lourd, qui lui paraîtra jusqu'au bout aléatoire. Le plaignant s'est précipité chez le procureur et c'est le médecin qui désormais porte la charge de la preuve et devra se justifier pas à pas, face à des accusations floues et d'autant plus vicieuses. La plainte crée le fautif aussi efficacement que s'il avait été convaincu d'avoir volé les couverts en argent de Monseigneur Bienvenu Myriel[28]. Comme l'auteur de ce délit, tout au long de la procédure et avant tout procès et toute décision de justice, le médecin sera traité en délinquant, avec la différence que, contrairement au personnage mythique de notre imaginaire national, il n'a pas commis d'acte volontairement délictueux. Et contrairement au traitement du personnage de Jean Valjean par le romancier, on ne cherche au médecin aucune circonstance atténuante. Au contraire, on le charge. Il y a eu dénonciation et cela suffit.

[28] Victor HUGO, Les Misérables, 1862

Vous avez perdu votre procès, c'est vrai. Mais vous avez dû [sic] éprouver bien du plaisir à m'entendre plaider. Dans *Les gens de justice*, d'Honoré Daumier. Voir notre commentaire à propos de la représentation du veuvage dans Les gens de justice d'Honoré Daumier dans la légende de « La veuve lors d'une consultation ».

3.3.2 Des accusations montées en système

Le risque pénal est bien réel, mal cerné et mal compris par le corps médical, car nombreux sont ceux qui se croient protégés par leurs assurances, et nombreux aussi, sont ces bons élèves, qui depuis la loi Kouchner, et quelques conférences d'information plus tard, se croient à l'abri parce qu'ils notent scrupuleusement dans leurs dossiers « le patient refuse le médicament X » ou « le patient n'est pas venu à son rendez-vous ce jour » ou « devant l'absence de signes patents, je laisse partir le patient, mais je lui prends rendez-vous avec son médecin généraliste habituel dans la soirée pour refaire le point ». Si le patient est retrouvé mort dans la soirée et que la famille porte plainte, c'est tout le dossier qui sera passé au crible par l'officier de police judiciaire, puis le juge d'instruction, et regardé avec un *a priori* négatif à l'encontre du médecin. Ces constatations sobres et sensées, dont le médecin croit qu'elles marquent la limite de sa responsabilité bien comprise, seront balayées d'un revers de main et considérées systématiquement comme le témoignage de la faute médicale que le médecin ne peut manquer d'avoir commise.

Tout argument est systématiquement retourné contre le médecin au-delà du raisonnable : il a pris rendez-vous dans la soirée pour le patient avec son médecin généraliste ; pour le juge ce n'est pas une marque de pondération et de prudence, le signe qu'il a mis en place une surveillance de son patient échelonnée dans le temps, c'est au contraire le témoignage et « presque » la preuve de sa culpabilité, car pour lui une telle attitude est de la négligence : le médecin a prévu une surveillance, c'est donc qu'il subodorait qu'il se passait quelque chose, et qu'il aurait dû agir immédiatement, car le juge estime que tout problème médical peut et doit être traité "immédiatement". Il va malheureusement sans dire, on l'aura compris, que le "presque" n'est que la transcription de l'opinion du médecin, qui connait bien ses motivations et qui sait la prudence dont il faut s'entourer constamment dans ce difficile métier. Pour le magistrat, sa prudence comportementale est une "preuve" définitive qu'il suspectait une maladie grave, que délibérément (par perversité ? ou par pur esprit de nuisance ?) il ne l'a pas traitée et qu'il a commis une omission (volontaire ?) de porter secours. Un témoignage irréfutable de sa négligence.

C'est que le magistrat raisonne en termes de Principe de Précaution, hors de son cadre constitutionnel et sans considération pour l'espace-temps sur lequel se déroule un fait médical et la décision médicale qui l'accompagne. Il pense qu'à un instant donné, le médecin doit prendre la décision la plus rapide et de plus grande ampleur, parmi toutes les possibilités qui s'offrent à lui, ce qui voudrait dire alerter le SAMU à la moindre fièvre chez un enfant, pour le cas rarissime où ce serait une méningite, à la moindre douleur thoracique, abdominale, de tête, pour le cas où il s'agirait d'un infarctus du myocarde, d'une péritonite, d'un accident vasculaire cérébral... En prévoyant chaque fois le pire.... Pour le médecin, ce serait un comportement, au mieux irréaliste, au pire primaire et hystérique. Le juge a, présent à l'esprit, un schéma selon lequel toute décision médicale est non seulement linéaire et absolue, mais immédiate. Sa conception de l'espace-temps est limitée à celle de l'instant dans sa contraction et son immédiate lisibilité.

Bref, le médecin n'est aucunement protégé par des arguments raisonnables et rationnels, témoignant d'une expérience des faits dans leur durée, mais bel et bien considéré a priori comme un délinquant, un fautif, malfaisant, dont les motivations, les arguments, les actes sont par essence mauvais. Il est donc coupable de négligence, il a commis une faute, c'est-à-dire un méfait, qui sans être délibéré, était au moins conscient, et qu'il aurait pu librement choisir de ne pas commettre, sans compromettre sa sécurité. Le système tout entier est attaché à le trouver fautif et déclare, tel Edmond Dantès, ce parangon de la Vengeance qu'il prépare avec une implacable détermination, s'adressant à Bertuccio qu'il recrute à son service : « *Je pardonne toujours une erreur, jamais une négligence ou un oubli*». Tout au long du processus, on cherche à le convaincre de négligence. La « négligence », c'est le fond de commerce du processus pénal en matière de responsabilité médicale. Ayant commis une erreur, le médecin serait dans le registre des tribunaux civils (du litige entre individus pouvant éventuellement ouvrir droit à indemnisation). Mais là, on le place dans le registre de la « négligence ». La « négligence » le rend fautif, il devient un pécheur. La justification du pénal c'est de poursuivre le réputé fautif, par avance, avec une détermination qui paraît poussée jusqu'à l'absurde.

Oui, on veut dépouiller cet orphelin, que je ne qualifie pas de jeune, puisqu'il a cinquante-sept ans, mais il n'en est pas moins orphelin... je me rassure toute fois (sic), messieurs, car la justice a toujours les yeux ouverts sur toutes les coupables menées !... dans Honoré Daumier, *Les gens de justice*, 1845-1848

3.3.3 Des accusations rapidement coordonnées.

« *Sans compromettre sa propre sécurité* ». Voilà un point important de l'acte d'accusation, par lequel le Parquet (le procureur) a demandé au juge d'instruction d'enquêter, de façon inquisitoire, à l'encontre du médecin.

Dans un premier temps, il n'y prête guère attention, car il trouve la phrase anodine. Lorsqu'il a reçu le patient, sa sécurité n'était, bien sûr, pas compromise, il était dans des conditions ordinaires, qui pour être parfois pressantes, ne menacent pas, en général sa propre vie. Cette phrase lui apparaît donc d'abord comme un truisme.

Puis, il se demande pourquoi dès lors, elle n'a pas été simplement omise. C'est que dans l'esprit du magistrat, elle tisse la toile de fond et constitue le fondement de son ignominie. Eut-il, avec son patient, été sous la menace d'un acte terroriste, ou dans un accident de téléphérique, du fait de cette situation extrême, le système judiciaire aurait pu lui pardonner (la faute, forcément morale, implique l'existence du pardon). Pour un magistrat, si le patient est mort, c'est que le médecin ne l'en a pas empêché, alors que sa mission est de sauver des vies qu'il a la toute-puissance de le faire. Le fait de n'être pas en sécurité est la seule excuse possible au fait de ne pas sauver des vies. Si le médecin était en sécurité et que le malade est mort, c'est qu'il est fautif. « *Sans compromettre sa sécurité* » est la première étape qui forge le contexte que le système judiciaire dessine autour du médecin, pour le faire apparaître comme fautif malfaisant. Dans d'autres lieux on appellerait cela un sophisme, ou la préparation d'un sophisme.

« *Homicide involontaire* » et (par ailleurs) « *Omission de porter secours* », voilà les deux charges qui étaient retenues contre ce confrère, du fait, lui a-t-on répété à l'envi, de sa négligence. Il a reçu un malade pour une douleur thoraco-abdominale, qui lui a paru à l'examen attentif et répété, ne pas faire sa preuve parce qu'elle disparaissait spontanément. Il l'a laissé partir. Le patient décède quelques heures plus tard d'une probable, mais non prouvée, insuffisance coronaire. Il est affligé de cette évolution, mais il considère que le tableau clinique était hautement atypique et a justifié sa décision.

Bien que son intime conviction de médecin (le malade est mort de sa maladie et pas de son fait) lui fasse récuser cette notion d'homicide comme celle d'omission de porter secours, puisqu'il a plusieurs fois examiné le malade, il tente de se projeter dans la logique du juge (ce que le juge, ne fait aucunement à son égard), et il pourrait intellectuellement concevoir, que le juge, de son point de vue de juge, l'accuse d'homicide involontaire par omission de porter secours. C'est qu'il est médecin, avec un jugement médical concernant une affaire médicale. Le magistrat, lui, applique une logique pénale à une affaire médicale. Mais, s'interroge le médecin, on ne peut pas me reprocher les deux à la fois, et séparément. Si l'omission de porter secours, à supposer qu'elle ait été prouvée, ce qui n'était pas le cas, était un acte délictueux séparé, en quoi consistait donc le mécanisme de l'homicide involontaire, qui ne relevait pas de cette abstention ? Du point de vue du juge, ce double chef d'accusation lui permet de faire peser sur le médecin, la somme des peines encourues pour chacun des délits.

C'est que, d'une part, l'omission de porter secours est la faute la plus lourde qu'on puisse reprocher à un médecin et pas l'homicide involontaire. C'est une rupture de sacerdoce, une abstention quasi volontaire dans l'esprit du système pénal, qui reflète le raisonnement du grand public. Avec l'omission de porter secours, on se rapproche du délit volontaire et des Assises. Pour pouvoir charger un médecin, il faut l'accuser d'omission de porter secours, contre ce que le médecin considère comme l'évidence, contre les preuves mêmes qu'il s'est occupé de son malade.

C'est qu'ensuite, l'homicide involontaire se définit au pénal (que vous soyez médecin ou non) comme la « perte de toute chance » de survie. S'il n'y avait que la « perte d'une chance » de survie, ce ne serait pas un homicide involontaire. Le médecin est dans un premier temps rassuré par cette définition : il lui paraît clair qu'il n'aura aucune difficulté à démontrer que, de son fait, le malade n'a « perdu qu'une chance » (ou aucune chance), sachant qu'il est parti en bonne condition apparente après son examen et qu'il n'est décédé que quelques heures plus tard, et que par ailleurs de nombreux patients survivent très bien spontanément à une douleur coronarienne. Il lui faudra déchanter : le système judiciaire comme le lui dira clairement le juge, et pire les experts judiciaires, ne raisonne qu'après coup. Le patient est mort, c'est qu'il devait mourir. Il a donc eu 100 % de chance de mourir, il a donc « perdu toute chance de survie » et il s'agit d'un homicide involontaire. Le « calcul » *a posteriori* occulte le calcul de risque qui devrait porter sur le moment où se sont déroulés les faits médicaux. Le médecin est définitivement pris au piège.

Il y a plus encore que cette histoire spécifique, et c'est ce sur quoi nous voudrions attirer l'attention de notre lecteur, surtout s'il est médecin. Si la « perte de toute chance » qualifie l'homicide volontaire et qu'on laisse appliquer ce concept aux actes médicaux, cela signifie que chaque médecin est souvent ou au moins régulièrement, en situation d'homicide involontaire. Considérez ces patients atteints de maladies dont l'issue fatale est certaine, les grands cancéreux, les insuffisances rénales majeures, les maladies neurologiques en fin de vie, les plus graves des patients en réanimation, et plus généralement tous les malades graves qu'un médecin voit quotidiennement. Parce que les médecins sont au chevet de ces patients, qu'ils apportent les derniers soins thérapeutiques, les soins palliatifs, en somme qu'ils s'occupent d'eux, ils seront en théorie en situation d'homicide involontaire au moment où le patient décédera, parce que le malade avait « perdu toute chance de survie » et que le médecin a été le dernier à s'en occuper. On arguera bien sûr que dans la très grande majorité des cas, ils ne sont pas considérés comme tels. Il existe heureusement un bon sens collectif qui considère le médecin comme un soignant et pas comme un assassin potentiel. Mais il suffit qu'un membre de l'entourage particulièrement affecté ou particulièrement agressif se présente chez le procureur, et la plainte contre X s'enclenche. « C'est une affaire très sérieuse, il y a eu un mort, etc. ». Le médecin est pris dans le piège, et devient le responsable du décès, le bouc émissaire[29] en somme, dont la société a besoin pour purger son sentiment d'impuissance face à un cas grave. Au Royaume-Uni, aux États-Unis, au Canada, en Allemagne, c'est impossible. L'acte médical suivi d'un dol ou de décès, l'aléa thérapeutique ne peuvent en aucun cas être poursuivis d'emblée au pénal. Les affaires de responsabilité médicale se traitent d'abord au civil.

---

[29] GIRARD, René, *Je vois Satan tomber comme l'éclair*, éd. Robert Laffont, 1999, Paris, voir chapitre 1

Il défend la veuve et l'orphelin à moins pourtant qu'il n'attaque la veuve et de l'orphelin, dans *Les gens de justice* d'Honoré Daumier, 1845-1846, aussi publié dans *Le Charivari*, septembre 1846. Voir notre commentaire à propos de la représentation du veuvage et de l'orphelinage dans *Les gens de justice* d'Honoré Daumier dans la légende de « La veuve lors d'une consultation ».

3.3.4 Perte de la liberté de parole et de la liberté d'opinion

« Le malade a refusé le médicament ou l'hospitalisation » déclare le médecin « mis en examen » « Un médecin doit savoir imposer son autorité » répond, sentencieux, le juge d'instruction. D'abord, dans son for intérieur, le médecin ne pense pas qu'il a imposé son autorité, mais plutôt qu'elle s'est imposée au patient qui la réclamait. Ensuite, s'il utilisait le terme « imposer », on lui reprocherait de commettre un forfait grave, le non-respect de la liberté fondamentale du malade. Mais le juge, lui, peut le placer dans une situation impossible : lui réclamer en même temps d'imposer son autorité et lui reprocher de le faire, jouer alternativement des deux contraires, pour, en quelque sorte, élaborer sa 'culpabilité additionnelle', faire que dans tous les cas de figure, il soit coupable. La justice peut condamner un chirurgien et un hôpital pour avoir transfusé un patient contre les convictions religieuses de celui-ci, dûment signifiées par écrit, mais les aurait condamnés pour non-assistance à personne en danger s'il ne l'avait pas transfusé[30].

La situation n'est certes pas à prendre avec légèreté lors des convocations chez le juge d'instruction, et encore moins avec humour, même si un trait humoristique serait pour le médecin une sorte de dernier hommage à ce patient avec lequel il plaisantait à l'occasion. S'il possède, de façon innée ou acquise, une quelconque capacité à l'autodérision, il est impératif de n'en rien montrer : elle serait prise pour un aveu (de quoi ? C'est une autre question…). L'autorité de la Justice doit être respectée, même et surtout si le juge bafoue celle du médecin tout en lui reprochant de ne pas l'exercer. Il n'est pas dans un aimable débat d'idées, intellectuel et contradictoire, sur les rapports entre l'autorité et la liberté individuelle. Le médecin n'aurait pas imposé son autorité, le malade en serait mort, il aurait donc commis un homicide involontaire. Pour un peu, on l'accuserait de l'avoir fait exprès, ce serait un homicide volontaire, on l'enverrait aux Assises. On ne va pas jusque-là, mais on sent que l'idée rôde ; le juge insiste : *« Quelles étaient vos relations avec le patient ? »*. Le médecin a perdu son droit à la libre parole. S'il dit que dans le cas en question, il n'avait pas suffisamment d'éléments pour imposer son autorité, que sinon il l'aurait fait sans état d'âme, que le problème de l'autorité n'est absolument pas en cause, le juge l'accuse alors d'omission de porter secours… en plus de l'homicide involontaire, et finit par additionner les deux charges. On peut accuser le médecin de tout et de son contraire, et il ne peut pas se défendre sur un point sans tomber dans le

[30] *Témoin de Jehovah transfusé, hôpital condamné,* Jean Valbay, Le Figaro, 5 septembre 2002 ; *Les médecins ont eu raison de transfuser*, Jean Valbay, Reuters, 5 septembre 2002.

piège de sa réciproque. Tout ce qu'il dit peut réellement être retenu contre lui. Cette formule si familière aux habitués des films ou des séries policiers anglo-saxons, lorsque le policier se saisit du suspect, a également son sens en France, bien que personne n'ait eu la transparence de le lui expliquer. Et elle peut être très dommageable.

« *Vous êtes intelligent* » dit, après sa première audition, le juge, tel Smerdiakov après son entretien essentiel avec Ivan[31], à ce médecin qui ne lui demandait pas son opinion sur la question. Il ressent un malaise devant cette affirmation. Ce n'est évidemment pas un compliment, et encore moins la satisfaction manifestée de discuter avec un roseau pensant. En réalité son intelligence éventuelle dérange. Elle ne colle pas avec tout élément, sur lequel le juge trouvait commode de bâtir son instruction à charge. Mais elle n'est pas suffisante à le pousser vers l'instruction à décharge, car elle place le médecin dans la catégorie des roués, et en plus elle augmente *a contrario* sa culpabilité. Si le médecin est intelligent et que le malade est mort, c'est bien qu'il l'a « négligé » (encore une preuve). Sa position est rendue éminemment inconfortable. La bonne attitude apparente pour le médecin "mis en examen", c'est de se montrer benêt et de battre sa coulpe, et rien de plus, pour ne pas se porter tort à lui-même. On nous dit que certains seraient même tentés de ne pas se défendre dans ce contexte où leur présence, leur existence, leur compétence sont totalement niées. Ce serait évidemment une erreur. Il faut se défendre, à chaque étape du processus, contre les anomalies de l'instruction, contre les expertises partiales ou partielles, contre les errements déontologiques, et contre l'irruption intempestive et mal documentée de certains organes médiatiques. Alors qu'il est fait foi, au cours de l'instruction, aux déclarations de n'importe quel « témoin », sans aucune remise en cause de ses qualités ni surtout de ses motivations, toute déclaration du médecin est sujette à caution. Qu'il ne cherche pas, dans un souci de vérité scientifique, à faire citer à ce stade comme expert un spécialiste éminemment reconnu, un sapiteur, avec une liste de titres et travaux établie internationalement. Il l'a nommé, son expertise devient immédiatement suspecte de partialité à son endroit. Qu'il se méfie aussi de l'impact que cette atmosphère négative, à l'égard de lui-même et à celui de la profession, peut avoir sur un sapiteur peu habitué au système. Plutôt que de voir dans le dossier qui lui est présenté une stimulation à défendre ce qui est défendable (et il y a sûrement des éléments importants qui le sont), le sapiteur, néophyte dans le système pénal, peut avoir la tentation de se dérober devant ce système inquisitoire à l'évidence si négatif pour le médecin incriminé, ce qui jouera contre celui-ci. Il faudra bien sûr faire

[31] Fédor DOSTOIEVSKY, Les frères Karamazov, livre V *Pro et contra*, chapitre 7, *Il y a plaisir à parler avec un homme intelligent,* Rouskii Vestnik, Saint Pétersbourg, 1879—1880.

intervenir des experts scientifiques à leur heure (voir le schéma la publication n'est pas un badinage…). Mais il faut veiller au *tempo*. Le caractère dangereux de la situation oblige le médecin à respecter une stratégie, dans ce cadre qu'il ne connait pas. Raison de plus pour lui de se faire conseiller par un avocat pénaliste chevronné.

Une péroraison à la Démosthène, dans Honoré Daumier, *Les gens de justice*, 1845-4848

3.3.5 Un piège temporel

Le pénal c'est aussi une double distorsion de l'échelle du temps, un piège temporel, qui menace tout au long de l'instruction de se refermer sur le médecin : un écrasement de la succession des faits qui constituent l'affaire médicale pour laquelle il y a instruction, et à l'inverse une longueur du processus pénal lui-même, s'étendant sur plusieurs années, dont on lui dit qu'elle est le garant de la sérénité avec laquelle l'affaire sera jugée, mais qui représente un poids moral, financier, social considérable, et surtout disproportionné.

Le plaignant, le juge, les experts savent que le malade est mort. Ils disposent de l'autopsie et de tous les examens complémentaires. S'il est mort, c'est donc qu'il devait mourir, et pensent-ils, que cela « se voyait », que la maladie fatale était évidente, qu'il y avait forcément des signes qui l'indiquaient. Le médecin (qui devrait pourtant en savoir plus que tout le monde) a ignoré ces signes qui devaient être patents. Il se produit une sorte d'écrasement de l'échelle du temps, où les faits passés ne sont pas déroulés par les experts judiciaires et le magistrat instructeur dans leur parfaite chronologie, mais de façon téléologique. Ce malade allait mourir, ne pas l'avoir vu signe à la fois son incompétence et son incurie (et voilà encore, la négligence…). Tout au long de l'instruction et après, ce piège peut se refermer sur lui, d'autant que, de façon stupéfiante, certains experts médicaux raisonnent de la même manière, dans le déni de toute attitude scientifique. Le médecin doit à chaque étape, à chaque pas réaffirmer la séquence des événements, les conditions de son choix de prise en charge.

Face à cet écrasement de l'échelle du temps portant sur les faits médicaux en cause, existe par ailleurs une démultiplication du temps de l'instruction sur laquelle nous reviendrons. Les deux sont préjudiciables au médecin.

3.3.6 Le pénal, une étonnante collecte des faits

Le pénal c'est enfin le piège de la sacralisation des faits, assortie de l'hypocrisie de la collecte des « témoignages » Au pénal, des pseudo-témoignages sortent au grand jour, parce que leurs auteurs pensent que le moment est venu de les faire surgir, et rien ne les décourage de le faire. Le médecin incriminé, fût-il un digne émule, tout à la fois, de Florence Nightingale, de Monsieur Vincent et du Dr Schweitzer, a forcément un jour mécontenté quelqu'un, qui, on peut en être persuadé, trouvera le moyen de faire parvenir son « témoignage » à la famille du plaignant. Le document sera inévitablement dans le dossier. Il n'est – probablement – aucun des trois glorieux personnages cités plus haut, mais il est honorablement connu et il propose à son avocat et au juge de recueillir des témoignages sérieux sur son action. « *Non,* répond le juge, *car nous ne jugeons que les faits. Nous n'en sommes pas à l'enquête de personnalité, qui ne viendra que beaucoup plus tard, quand il y aura confrontation avec le plaignant* ». Le médecin n'a aucune envie ni aucun besoin de rencontrer le plaignant à ce stade, faute qu'il l'ait demandé en temps et en heure, et il se demande combien de temps va durer cette mise en scène. Son dossier demeure très longtemps, non pas seulement l'ensemble des documents qui constituent les faits et les expertises, mais la somme de ces documents et des déclarations hors de propos. Il est d'autant plus difficile ensuite de contrebalancer les effets délétères de ces dernières. Sous prétexte de respecter les faits, le juge ne se prive pas de recueillir les pièces qui peuvent lui nuire, sans parler de son omission de faire récupérer toutes celles qui, d'emblée, lui étaient favorables (pièces officielles, témoignages favorables....). Plus que tout, le juge ignore le contexte, les *curriculum vitae* du médecin, la situation le jour des faits, ce que le médecin savait éventuellement du malade, et … le patient.

Le juge d'instruction doit instruire à charge et à décharge. Existe-t-il cependant, un poids psychologique qui pousse le juge d'instruction à répondre d'abord à la sollicitation du parquet et du procureur et à la logique de l'accusation ? La réforme judiciaire, annoncée en 2012, porterait sur la suppression des juges d'instruction. On nous dit que désormais, c'est le parquet qui instruira seul (à charge) tandis que la défense sera assurée par les avocats. La réforme est-elle implicitement en train de se mettre en place ? Elle aurait le mérite de la clarté. Mais la loi reste pour l'instant inchangée : le juge d'instruction doit instruire à charge et à décharge. L'instruction à décharge est bien difficile à mettre en évidence. Le médecin est chosifié et contraint d'attendre le moment où lui sera possible d'avancer ses arguments, sans garantie qu'ils seront écoutés.

3.3.7 Le pénal et la défense

Et les droits de la défense, demande-t-on ? L'avocat, que dit-il ? Que fait-il au cours de ces longues années ? Il explique, il soutient, il fait part de son expérience au nom de laquelle il analyse la situation, il propose une stratégie, laquelle doit tenir compte d'une marge de manoeuvre extrêmement étroite. Comme tous les professionnels ayant l'habitude des procédures longues, répétées au cours des années, il est sans illusion sur le système et les éléments qui le biaisent et il a développé un scepticisme résigné, mais cependant actif. L'avocat a un point commun avec le médecin. La vocation et ensuite la vie quotidienne d'un médecin - comme celle d'un avocat - se "nourrissent" de la confiance que lui font ses patients. Il y a là un postulat - et non une posture - moral qui peut expliquer le décalage entre l'attitude du médecin et celle d'un officier de police judiciaire ou d'un juge. Décalage qui explique d'une part l'incompréhension entre l'autorité judiciaire pénale et le médecin mis en cause; d'autre part, l'abîme de souffrance, et parfois de révolte, dans lequel se trouve soudain plongé ce médecin. C'est pourquoi en dernier ressort, l'avocat est précieux aux côtés du médecin mis en cause.

Le médecin bénéficie théoriquement d'une instruction à décharge. En quoi consiste-t-elle ? Plusieurs fois, il se posera la question : son curriculum vitae et sa formation ? Il estime à juste titre sans doute, qu'au moins en bonne partie, ils peuvent plaider pour lui. Le magistrat, on l'a dit, passe dessus, avec l'intention évidente de les ignorer. "Ignorer" au sens fort. Il est probable qu'il n'est pas un spécialiste des cursus médicaux, mais il l'est d'autant moins que c'est précisément ce qu'il veut ignorer. Cela l'obligerait à reconnaître au médecinune certaine autorité de parole, une expérience longue dans son domaine. C'est ce qu'il ne veut pas entendre, puisque toute la procédure pénale est axée sur le fait de rabaisser le "mis en examen", de le considérer déjà comme fautif, malfaisant et menteur. Le médecin n'est pas devant un tribunal civil. Il est au pénal.

"C'est le juge qui pose les questions", a prévenu l'avocat. Le médecin est là à cause d'un patient décédé, en fâcheuse posture, non pas tellement parce que le patient est décédé, mais parce que d'emblée on l'accuse d'être responsable de son homicide et d'avoir omis de lui porter secours. Ce n'est pas à lui de s'expliquer librement. On l'empêche donc d'expliquer le contexte dans lequel son cursus l'a amené au chevet de ce malheureux patient, et même le contexte du jour où se sont déroulés les faits. C'est le magistrat qui par défaut reconstitue le contexte de l'affaire selon ses normes et sa vision : un médecin est un professionnel dont la responsabilité est de sauver la vie de son malade, le malade est mort quelques heures après avoir vu le médecin, donc le médecin est fautif.

Le rôle de l'avocat, c'est de déterminer quels sont les caps principaux à garder devant un juge d'instruction afin de pouvoir y revenir le plus possible, quelle que soit la virulence des questions posées. La limite au fait de pouvoir s'exprimer librement pour le mis en examen est là. Il doit se concentrer sur l'essentiel. L'avocat veille à ce que cela s'accomplisse, en surveillant que les éléments importants sont bien retranscrits et en n'oubliant jamais qu'au-delà du juge d'instruction, c'est le tribunal correctionnel qu'il faudra convaincre, ultérieurement, en toute éventualité. C'est aussi l'avocat qui va insister sur ce qui peut être révélateur non pas tant du contexte, que de la constitution de l'infraction elle-même, en particulier la détermination de l'élément intentionnel : dans ce cadre, c'est l'avocat qui joue le rôle de médiateur sur l'interprétation des faits saillants du dossier, qui peuvent différer entre ce qu'a vécu le médecin mis en cause et ce que le professionnel du droit verra. C'est enfin l'avocat qui insiste sur le choix des personnes à faire entendre, sur l'utilité d'experts, de contre-experts, d'analyses complémentaires, et des risques que chacun de ces actes comporte quant à accréditer une thèse contre l'autre.

3.3.8 Le pénal, une publicité dangereuse

Le pénal représente un danger médiatique, avec une possible atteinte à la dignité de la personne du médecin, qui, s'il n'était pas mis en examen, l'autoriserait à porter plainte pour diffamation. L'affaire complaisamment répandue dans la presse par la famille d'un patient, a exposé ce confrère, à recevoir des SMS virulents d'inconnus. Cet autre se fait qualifier de « monstre froid qui ne s'est même pas excusé pour ce qu'il a fait » par l'avocat de la plaignante qu'il n'a jamais rencontrée. Ce même avocat dresse sans sourciller, sur la foi de rumeurs agitées par un « témoin », dans une lettre au juge d'instruction, une prétendue liste nominative de patients qui seraient morts, faute d'avoir reçu les soins du praticien mis en cause.... Et pour cause, ce praticien ne connaissait aucune de ces personnes..... Et ce ne sont là que des paroles. On imagine aisément qu'il pourrait y avoir des voies de fait. Il y a des esprits pervertis dans tous les milieux et toutes les professions, mais la procédure du pénal a le grave défaut d'exposer le "mis en examen" à leur capacité de nuisance, et de l'empêcher de pouvoir réagir, puisque c'est lui, le mis en examen, qui joue par avance le rôle du coupable.

Il ne faut pas sous-estimer le rôle des médias. Soit que certaines victimes, peut-être poussées par leur conseil juridique, soient promptes à saisir la presse, dans leur hâte de voir reconnus leur problème et leur souffrance, soit que les journalistes spécialisés dans les affaires judiciaires possèdent ou recherchent activement des sources d'information, dans le domaine médical comme dans d'autres, qui leur permettent de remplir leurs colonnes. On reste confondu par la célérité avec laquelle certaines informations, ou prétendues informations ou demi-vérités sont fournies aux journalistes. Citations tronquées, affirmations gratuites, prépondérance accordée aux déclarations des procureurs, en cours d'instruction ou lors des plaidoiries, incitant le lecteur à penser que ces déclarations représentent « la vérité », quand elles ne représentent que la vue de l'une des parties[32].... Il est nécessaire de se défendre, par l'intermédiaire du tribunal des affaires de presse, et dans le meilleur intérêt de la protection de l'exercice médical. Mais, là encore, ce n'est pas chose aisée pour le mis en examen, et d'autant moins que les magistrats sont des défenseurs de la liberté d'expression. Ce n'est aucunement une raison pour accepter que des contre-vérités ou des mensonges soient répandus sur le médecin. Et là encore, l'avis judicieux à donner aux confrères paraît être d'aller jusqu'au bout de la procédure contre les excès médiatiques (tribunal chargé des affaires de presse) si nécessaire, en restant ferme dans ses propos et tenace dans la volonté de se défendre.

---

[32] Nous ne donnons ici ces exemples, à titre prudent, que pour inciter le lecteur à la réflexion. Encore ces deux exemples ont-ils la décence d'éviter de citer des noms. LeFigaro2014/10/01, *Décès-dans-une-maternité-anesthésiste-arrêté.* Le Quotidien du Médecin, 19/09/2014, *Mort-d-un-détenu-prison-avec-sursis-requise-pour-le-médecin.*

- *Voilà le ministère public qui vous dit des choses très désagréables........ tâchez donc de pleurer au moins d'un œil ... ça fait toujours bien!......*dans Honoré Daumier, *Les gens de justice,* 1845-1848, publié aussi dans *Le Charivari*, août 1846

3.3.9 Le pénal, malgré tout : la solidarité médicale et professionnelle

Le pénal, c'est aussi les confrères qui manifestent clairement leur stupéfaction et leur solidarité ; les collègues d'internat qui envoient au juge des notes de soutien ; voir des messages électroniques détaillés des États-Unis, de l'étranger, comme dit complaisamment la presse nationale, comme s'il s'agissait d'une autre planète, où ils (elles) exercent désormais comme Professeurs des universités ; la secrétaire et les infirmières, qui, toutes rédigent un certificat ; le Doyen et le chef de pôle de cardiologie de l'ancienne Faculté du médecin, tous deux réanimateurs de haut vol, qui prennent sur un emploi du temps chargé, pour refaire une analyse du dossier ; le spécialiste d'anatomie pathologique de la maladie dont le patient est décédé, que le médecin ne connaissait pas jusque-là, qui fait de même ; le personnel administratif avec lequel le médecin a éventuellement travaillé, du jeune attaché au Directeur d'Administration Centrale, le chef de bureau et son adjointe, les jeunes et les seniors, qui, à leur tour y vont de leurs lettres ; les malades qui proposent leur aide, pour ne pas parler du soutien de sa famille, consternée, mais prête à l'action.... Belle manifestation de solidarité, car cela touche chacun, chacun se sent intimement concerné, se projetant tour à tour sur le malade et sur le médecin, mais cherchant en toute loyauté à faire état des éléments positifs qui le concernent et dont ils ont connaissance. Le processus judiciaire radicalise et déforme les relations humaines, en faisant perdre leur naturel et leur fluidité.

3.3.10 Le pénal, la honte, la revanche et la frustration

On peut s'étonner que la justice non seulement tolère, mais s'appuie, en partie et au moins pendant un temps, sur les réactions instinctives les plus élémentaires, qui existent en chacun, tels que la honte des uns ou le désir de vengeance, le sentiment de frustration des autres. On peut s'étonner que le processus d'établissement de la vérité judiciaire soit si long et si lourd, donnant un sentiment de harcèlement à ceux qui en sont les victimes. Mais c'est un élément incontournable. Le médecin pense que l'affaire judiciaire de responsabilité médicale qui le concerne pourrait et devrait être traitée en quelques heures. Elle durera quelques années. Il est très possible qu'il ait à franchir plusieurs étapes, le tribunal correctionnel, la Cour d'appel, la Cour de cassation, et pourquoi pas la Cour Européenne, si nécessaire, car « la manifestation de la vérité », dans les conditions qu'on lui fait, est bien difficile à obtenir.

C'est cela le pénal. Le changement du prisme de la lunette avec laquelle on scrute l'action du médecin. Il était jusque-là un médecin respecté, longuement formé, dont on requérait l'avis et l'aide sur ses domaines de compétence, voire dans ceux où on voulait bien lui reconnaître quelque esprit de pondération. Il est désormais, parce que la veuve X a porté plainte, un délinquant probable, dont chaque parole est suspecte. On lui accorde, certes, le droit de se défendre, mais la cause est entendue d'emblée : toutes ses déclarations sont entachées du vice de la mauvaise foi et d'une honteuse partialité envers lui-même. La honte est au centre de l'affaire : on lui fait honte publiquement. Lui-même est vulnérable devant ce procédé, car il n'est pas fier d'être intervenu dans le déroulement des derniers instants de ce malade. Il pense qu'il a pris une décision dans un contexte donné, en pesant tous les éléments à sa portée, et en ce sens il a fait de son mieux. Mais il s'interroge pour savoir si un confrère, plus spécialisé, formé autrement, aurait choisi une autre alternative.

Dans les premiers jours où ce réanimateur, actuellement en fin de carrière, devient chef de service, il reçoit une jeune femme de 22 ans pour une tentative de suicide par médicaments. En coma profond, elle doit être intubée pour respiration artificielle par machine. La situation s'améliorant en quelques jours, il décide d'arrêter cette ventilation assistée, après quelques hésitations cependant, car elle a de petits signes d'infection pulmonaire, hésitations qui sont le quotidien de la profession, les situations sont rarement tranchées. Il la fait surveiller cliniquement et par saturomètre (pince douce électronique qu'on place au bout du doigt pour mesurer à travers la peau le taux d'oxygène dans les vaisseaux), pour le cas où il faudrait la réintuber. Elle va bien, mais devient nerveuse et irritable. Dix fois dans la journée elle arrache le saturomètre, et dix fois l'infirmière le replace. À la onzième, l'interne donne instruction de ne plus le remettre puisque le taux d'oxygène est normal et que la patiente respire normalement. Dans la soirée, son état s'aggrave brutalement et elle décède malgré une nouvelle intubation et des mesures énergiques de réanimation. La famille est consternée. L'interne, culpabilisé, lui déclare : « *Il y a eu une erreur de surveillance* » ; l'infirmière qui ne l'est pas moins, déchire par mégarde la page du jour du cahier de surveillance, qu'on ne retrouvera pas, ce qui fera penser au juge qu'elle l'a fait exprès, voire sur instruction du chef de service. Celui-ci explique à la famille que tout a été tenté, mais sent qu'il n'est pas très convaincant, car comme l'interne et l'infirmière, il croit à un problème respiratoire et il se reproche l'extubation initiale. La famille attaque au pénal. La police vient bruyamment récupérer le dossier, perturbant tous les services du bâtiment. Expertise et contre-expertise ne sont pas concluantes. Le chef de service n'entend plus parler de rien. Trois ans plus tard, il croise par hasard dans une réunion, le médecin légiste qui a pratiqué l'autopsie à l'institut médico-légal. « *De quoi est décédée cette patiente* ? demande-t-il ». « *Comment, vous ne savez pas* ? répond celui-ci, *d'une rupture d'anévrysme intracrânien, sans doute particulièrement brutale* ». Ainsi, l'état respiratoire n'était pour rien dans le décès. « *Il n'y a eu aucune erreur de surveillance, quoique le sentiment de culpabilité de l'interne, le comportement de l'infirmière et le mien propre aient fait croire au juge*, ajoute-t-il. *Je bats ma coulpe d'avoir manqué la survenue de la rupture d'anévrysme, mais comment imaginer qu'un patient ait deux maladies graves à la fois ? En tout cas, vis-à-vis du juge, nous avons été victimes de la honte que nous éprouvions... mal à propos. Depuis je combats ce sentiment, j'ai fait former le personnel.... Et je demande un scanner cérébral au moindre signe d'agitation d'un patient ! Bien sûr, le cas ne s'est plus jamais reproduit, la médecine n'est jamais identique à elle-même. Mais d'autres situations comparables se produisent sans doute tous les jours* ».

Comme celle-ci par exemple. Il a quelques années, cet homme de 50 ans, revenant d'un voyage professionnel en Afrique, éprouve dans l'avion un fort mal de tête. Énergique et déterminé, sachant qu'il n'y a personne à son domicile, il décide de se faire directement conduire, en taxi, à sa descente d'avion, d'Orly aux urgences d'un grand hôpital de la rive gauche. L'interne qui l'examine, constatant une raideur de nuque et de la fièvre, évoque immédiatement la possibilité d'une méningite, et pratique, avec les précautions d'usage, une ponction lombaire qui, ramenant un liquide blanchâtre purulent, confirme le diagnostic. Il hospitalise le patient dans l'une des rares chambres seules disponibles ce jour-là, fait poser en urgence une perfusion pour administrer les antibiotiques adéquats, prend avec la surveillante du service (on dit aujourd'hui cadre hospitalier) les mesures possibles pour la protection des infirmières et aides-soignantes. Il récupère rapidement auprès des bactériologistes, l'analyse de la ponction lombaire : c'est bien une méningite dite cérébro-spinale, et les antibiotiques qu'il a fait administrer sont adaptés. Il s'organise avec un collègue aux Urgences, où le travail s'accumule, pour se rendre personnellement deux fois, dans l'après-midi au chevet du patient à l'autre bout de l'hôpital, un des plus grands d'Europe, et vérifier qu'il va mieux (ce qui est le cas en quelques heures, la fièvre tombe), et qu'il n'y a pas de problème avec la perfusion et l'administration des antibiotiques. Le patient pourtant décèdera dans la nuit. Le lendemain au petit jour, c'est par un des réanimateurs de l'hôpital, venu lui reprocher violemment de ne pas avoir hospitalisé le patient en réanimation, qu'il apprendra ce décès. Là encore, culpabilité et honte pour l'interne, pour les réanimateurs, pour l'hôpital, et dans ce cas, c'est l'interne qui porte le poids de l'agressivité qui en résulte. Ce malade encore jeune, et jusqu'à sa méningite, en bonne forme, était décédé, et tout le monde se sentait coupable, et retournait conter l'interne le sentiment de culpabilité collective, quoiqu'il ait fait de bout en bout son travail avec circonspection. Mais le cas de méningite devait être particulièrement grave. L'affaire n'eût pas alors de suite. Eut-il été poursuivi au pénal, que serait devenu, au cours de la procédure, ce sentiment de honte qu'on cherchait à lui imposer, en le montrant du doigt ? Le juge d'instruction en eût-il rajouté ? " *Mais si vous êtes allé deux fois dans l'après-midi voir ce patient, c'est que vous étiez inquiet, pourquoi donc ne pas l'avoir dès lors confié aux réanimateurs ?*" Aujourd'hui, ce médecin est un chercheur très reconnu, dans un laboratoire à Francfort. Il pense parfois à ce patient (comme à un échec ? presque un deuil...), et il dit que s'il avait dû y avoir procès et quel qu'en ait été le résultat, cela n'y changerait rien. De ce point de vue, la médecine est restée immuable, et l'irruption du système judiciaire dans son champ d'exercice n'a pas soulagé le vécu des difficultés par ses acteurs. Elle en a seulement rajouté de nouvelles. « *Et ces cas désormais traités dans le système judiciaire n'ont pas valeur d'exemplarité* », ajoute notre chercheur : des cas similaires à celui qu'il a vécu, à propos d'autres patients, d'autres maladies, doivent se présenter tous les jours.

La honte, voici ce dont il convient de se méfier. Les avocats recommandent même au médecin mis en examen de saisir toutes les opportunités de s'excuser, face au juge d'instruction, face à la famille et à la Cour au tribunal. C'est que le juriste est moins exposé que le médecin à la survenue possible d'un décès, et donc plus sensible à ce type d'évènement. De plus, les questions techniques ne sont pas son domaine de prédilection, il est donc enclin à poser les questions et à attendre des réponses sur ce qui sollicite sa sensibilité au sujet de la situation. S'agissant du médecin, il ne faut pas que la technicité sur laquelle il doit s'expliquer le fasse passer pour quelqu'un de froid, peu soucieux de l'humanité inhérente à l'exercice de sa profession, alors même que pourtant il doit disséquer et expliquer les éléments techniques avec un maximum d'objectivité. Pourtant, tels les grands anciens qui s'abstenaient de paraître aux obsèques de leurs patients, il pense qu'il n'a pas à s' excuser : comme eux, il déplore que la maladie ait été plus forte que lui, il se couvre la tête de cendres devant la défaite qu'elle lui inflige, il compatit au malheur de la famille, mais il n'a pas à s'excuser, car il n'a pas cherché à nuire et il n'a rien fait de répréhensible. Autant dire que la marge de manœuvre pour la défense est étroite. Le médecin n'est plus un individu libre de ses paroles et de ses choix, il est un délinquant, présumé certes, mais délinquant tout de même, et cela dès l'instruction même, bien avant le passage au tribunal, s'il doit avoir lieu.

En face, le plaignant auquel le procureur, en acceptant le dépôt de leur plainte contre X, a donné le statut de victime. La motivation de la plainte n'entre pas en ligne de compte. Il est admis que chacun est libre de celle-ci et que la subjectivité et l'acuité, avec laquelle il vit telle ou telle situation, qui serait vécue très différemment par autrui, font partie de ses droits fondamentaux. Une étude systématique des motifs des plaintes au pénal est pratiquement impossible. Il se trouve que 34 cas ont été portés à notre connaissance par témoignage direct, et c'est à leur propos que nous pouvons ici tenter une analyse de la nature des faits reprochés et des motivations des plaignants. Il apparaît que les faits médicaux sont extrêmement variés, ainsi que les qualifications, les types d'expertise et d'exercice, l'ancienneté et l'expérience des praticiens concernés, empêchant toute systématisation. Et si on peut noter que la brutalité de la disparition non attendue d'un proche est souvent un facteur de plainte, les motivations des plaignants ne sont pas moins variées que les cas médicaux, presque hétéroclites ou hasardeuses, témoignant toujours des frustrations dont est porteuse la condition humaine. Pour ne pas lasser le lecteur avec une liste qui lui paraîtrait par trop disparate, nous avons fait tirer au sort par une main innocente cinq cas, que nous rapportons ici, et qui sont bien représentatifs de ces frustrations.

Les cinq cas

Cette femme de 62 ans décède lors d'une intervention indispensable pour sa santé, du fait d'une réaction allergique majeure à un anesthésique, dont l'utilisation, particulièrement réfléchie avant l'acte opératoire, avait paru incontournable. La famille attaque au pénal, et le procureur ordonne immédiatement une enquête. L'anesthésiste est convoqué ainsi que tous les membres de son équipe pour être interrogé par la police, dans des conditions que tous jugent pénibles. Se constituent parties civiles, pour des raisons qui seront clairement développées au cours de l'instruction et du procès : la deuxième épouse du mari dont la patiente décédée avait divorcé, au motif qu'elle a perdu une amie très chère, et à ce titre voudrait des dommages et intérêts, la fille aînée de la patiente qui souhaiterait récupérer les salaires de la femme de ménage qu'elle avait engagée pour sa mère, et sa seconde fille qui a subi un préjudice, dit-elle, car étant décédée, sa mère ne connaitrait pas son enfant à naître. Après deux ans d'instruction l'anesthésiste sera relaxé.

Un homme de 35 ans présente des écoulements de liquide céphalo-rachidien, à la suite d'un examen radiologique antérieur. Il faut réparer la brèche de la dure-mère, l'enveloppe qui protège la moelle épinière. L'intervention est, en soi, relativement mineure, mais on avertit le malade (qui signe un formulaire de consentement informé détaillé) que ce genre d'intervention nécessite souvent deux gestes chirurgicaux successifs, simples et courts, à quelques mois d'intervalle, pour obtenir un résultat complet. C'est ce qui se produit avec ce patient, la première intervention n'est que partiellement efficace. Le patient se montre déjà assez revendicatif, et l'équipe préfère l'envoyer pour la seconde intervention dans le service de neurochirurgie d'un CHU parisien, où tout se déroulera de façon très satisfaisante avec un excellent résultat. Un an plus tard, le patient attaque au pénal les médecins de la première équipe "pour l'avoir opéré trop tôt". Les médecins seront relaxés au bout de trois ans.

Cet homme de 82 ans est opéré sous anesthésie péridurale pour des difficultés à la marche dues à des anomalies du bas de la colonne vertébrale, suffisamment graves pour le confiner au fauteuil depuis de longs mois. L'intervention se déroule bien et il récupère la motricité de ses membres inférieurs et son autonomie, ce qui est un vrai succès. Il attaque au pénal le chirurgien et l'anesthésiste, car depuis l'intervention dit-il, sa vie sexuelle n'est plus entièrement satisfaisante. Les médecins seront relaxés au bout de quatre ans.

Un homme de 55 ans est opéré en urgence pour une occlusion intestinale aigüe, indication opératoire absolue. Tout se déroule bien. Il a la chance que son occlusion ne soit pas due à un cancer, mais à la présence banale d'une bride fibreuse, une sorte de cicatrice ancienne dans l'abdomen, supprimée définitivement à l'intervention. Il bénéficie de deux semaines de maison de repos après l'intervention, grâce à la générosité de notre système de soins, et en revient en pleine forme, prêt à reprendre ses activités. Il porte plainte. Motif : le jour de l'intervention, on ne lui a pas bien expliqué pourquoi on l'opérait ! Le chirurgien sera relaxé deux ans plus tard.

Un homme de 46 ans, porteur d'une obésité morbide, est en dialyse pour insuffisance rénale. Il peut heureusement bénéficier d'une greffe rénale, qui lui sauve la vie, et surtout lui permet d'avoir une vie plus confortable. Bien sûr, des immunosuppresseurs et des corticoïdes sont prescrits, indispensables pour éviter le rejet du greffon. Mais les corticoïdes ont parfois des effets secondaires, que personne ne nie, mais il est néanmoins impératif de les utiliser pour assurer le succès de la greffe. Il se produit une éventration sur sa paroi abdominale obèse, et il doit être opéré pour réduire cette éventration, intervention relativement simple, qui se passe très bien. Sans considérer l'état dans lequel il se trouvait avant sa greffe, et sans avoir compris à quoi peuvent servir les corticoïdes, il porte plainte pour faute médicale. Comment le système en est-il venu à enregistrer la plainte de cet homme ? Le transplanteur sera relaxé au bout de quatre ans de procédure.

On peut certes comprendre que dans le premier cas le décès brutal de la patiente ait fortement perturbé son entourage et que celui-ci ait pu souhaiter se porter en justice. Ce qu'on comprend moins, c'est pourquoi au pénal, d'autant que dans ce cas le dossier se trouvait être particulièrement bien documenté, ayant été géré par un spécialiste d'anesthésiologie, qui non seulement avait pesé ses indications, mais était un pionnier dans le recueil des données informatisées systématiques au cours des interventions. Il s'agissait certes d'un cas à la fois rare et délicat d'allergie à un anesthésique, dont l'analyse par un comité de pairs spécialisés, aurait dû être possible dès le premier jour, la famille l'eût-elle demandé. C'est ce type d'analyse et d'expertise qui finit par être sollicitée et entraîna la relaxe de l'anesthésiste. Point n'était besoin d'entériner la demande de plaignantes qui ne venaient pas au fait.

Pour les quatre autres cas, on saisit assez mal en quoi la plainte contre X a pu contribuer à soulager les rancoeurs et les angoisses des plaignants eux-mêmes d'une quelconque façon. Un soutien psychologique était nécessaire et dut être finalement fourni par le milieu médical pour le deuxième, le troisième et le cinquième patients, hors du champ de compétence de la magistrature. Quant au quatrième cas, un médiateur eût été nécessaire, rôle que le magistrat auprès duquel le patient déposait sa plainte, n'était pas en mesure de tenir. La routine du processus pénal n'était donc pas adaptée.

« Mais, nous fait remarquer ce magistrat chevronné, *d'abord vous voyez bien qu'il y a une justice en France, puisque les médecins que vous citez ont été relaxés, ce qui répond à vos vœux au sujet des cas auxquels ils étaient confrontés. Et ensuite, d'après ce que je vois à la lecture de ces cas, les cinq tirés au sort par la main innocente, et bon nombre d'autres, ils n'étaient pas pénaux. ».* Ces cas n'étaient pas pénaux… ???!!! Mais, dès lors, que diable sont-ils donc allés faire dans cette galère pendant de si nombreuses années ? Pourquoi a-t-on soumis les médecins, les chirurgiens, les anesthésistes, les hôpitaux, les cliniques impliqués, à ce système dont ils ne relevaient pas ? On peut expliquer à un patient que les corticoïdes peuvent avoir un effet de distension sur ses muscles abdominaux, mais que par ailleurs ils permettent de lui sauver la vie. Et qu'on ne nous dise pas qu'il s'agit d'un défaut d'information médicale : le patient en question avait été dûment informé des inconvénients possibles de ces médicaments majeurs, pour l'invention desquels il devrait remercier la Providence. Que cet homme ait eu par

ailleurs des aigreurs et des frustrations à propos d'une vie rendue difficile par son obésité importante et son insuffisance rénale est parfaitement compréhensible et mérite notre compassion et notre solidarité à tous. Point n'est besoin pour autant de traiter ses médecins d'assassins dès la manifestation de cette frustration. Il eût fallu au contraire, soutenir le propos médical, comprendre et réexpliquer au patient la notion de rapport bénéfice/risque. « *Pourquoi ne m'a-t-on pas donné un médicament qui me soigne à la perfection et qui ne présente aucun inconvénient ?* » demande le patient. « *Parce que d'abord, un tel médicament n'existe pas, et qu'ensuite les corticoïdes dont vous bénéficiez, depuis que le prototype en a été inventé par le biologiste Carryer en 1952, ont sauvé des millions de vies dont la vôtre récemment, au prix de ce petit inconvénient de paroi* ». Voilà ce qu'en un mot, aurait dû répéter le magistrat, avec l'aide peut-être d'un médecin, à ce patient, au lieu de déclencher une procédure de plusieurs années qui n'a rien apporté au malade, a mis le médecin en situation de harcèlement, et lui a fait perdre à lui-même un temps précieux pour les activités où il est indispensable. Soulignons encore l'iniquité qu'il y a à poursuivre lourdement un médecin, au seul motif que son malade n'a rien compris, et alors même que de nombreux autres s'avèrent reconnaissants d'une prise en charge résolument identique. Le temps médical est un temps long et les choses doivent être répétées. Il s'agit de calmer et non pas d'exciter. Mais les magistrats considèrent qu'ils ne sont ni des médiateurs, ni des agents de prévention, ni des travailleurs sociaux. Leur rôle, c'est de punir, au nom d'un principe qu'ils estiment supérieur à tout autre[33] et la réponse qu'ils apportent à toute sollicitation, c'est de se mettre en ordre de marche pour pouvoir le faire.

« *Mais encore*, poursuit le magistrat, *vous admettrez qu'il existe des cas qui sont à l'évidence pénaux et d'autres qui méritent une discussion approfondie : le chirurgien qui opère la hanche gauche au lieu de la droite, celui qui enlève l'artère fémorale au lieu de la veine, les euthanasies hors du cadre de la loi, l'anesthésiste en état d'ébriété...* ». On ne peut malheureusement pas en disconvenir ni sous-estimer les aspects juridiques délicats de certains dossiers. Cependant, s'il est possible à ce magistrat, qui a de la bouteille, de se faire une opinion, en quelques dizaines de minutes sur « ce qui est ou n'est pas pénal » dans une liste d'une quarantaine de dossiers, il devrait être possible à d'autres magistrats tout aussi aguerris, en temps réel, d'anticiper par un tri précoce des dossiers déposés au pénal, sans faire par avance porter tout le poids et la longueur de la procédure pénale à des praticiens qui n'en relèvent pas.

[33] *Pourquoi devient-on magistrat ?* AJ pénal, no 11, 18 novembre 2013, p 587.

Le cas du patient réopéré et qui porte plainte après sa deuxième intervention au sujet de la première, est particulièrement éclairant sur un sujet connexe, mais d'importance : celui des consentements éclairés. Il est caricatural (mais assez fréquent, même s'il n'y a pas, heureusement, toujours de conséquence médico-légale) que certains patients reviennent sur les consentements éclairés qu'ils ont dûment signés, ne serait-ce, comme dans le cas que nous citons ici, qu'en changeant leur propre vocabulaire au sujet de l'épreuve qu'ils ont traversée, ce qui s'accompagne d'une nouvelle vision sur celle-ci. Le consentement éclairé est mieux, maîtrisé en matière de développement de médicament[34]. Mais en matière de soin et de prise en charge thérapeutique, il reste de pratique et réalisation difficile, au point de susciter des réactions de rejet. Nous avons parlé des difficultés d'application dans les cas urgents. Une autre anecdote nous paraît très significative. Un confrère doit subir une intervention dans un service de chirurgie d'un CHU parisien. Lors de la consultation préopératoire, l'anesthésiste lui explique en détail les tenants et les aboutissants du déroulement de l'intervention et pour quelles raisons il privilégiera tel ou tel anesthésique. Puis on se sépare. *« Vous ne me faites pas signer le consentement éclairé, pour que votre dossier soit complet, s'il survient un problème ? »* demande le futur opéré. *« Non*, répond l'anesthésiste. *De toute façon, cela ne sert à rien, cela n'empêche ni les patients d'attaquer en justice, ni les magistrats d'entériner leurs plaintes. ».* La scène se déroulait dans un service réputé, ayant une forte activité et où le personnel est très au fait de la législation sur le devoir d'information aux patients et son corollaire, le « consentement informé et signé ». Malgré cette connaissance et cette compréhension théorique, la confiance (« comprendre c'est obéir ») qu'elle devrait inspirer ne suit pas.

Il est certain que le vécu de la plainte est culturellement différent entre les médecins et les magistrats. Pour le médecin, la plainte du patient est considérée comme subjective par essence. Elle justifie légitimement la consultation, il doit y être répondu, mais elle n'est pas toujours utilisable en termes de diagnostic, d'évaluation de la sévérité ou de pronostic. Dès la première consultation, elle est considérée avec recul et mise en perspective par rapport au recueil des données objectives, et des preuves sur l'état réel du patient. Dans le dossier médical, tel qu'il est conçu en occident, c'est le médecin qui gère en parallèle la plainte du patient, qu'il interroge sur ses symptômes, auquel il fournit des échelles de mesure, des questionnaires et qualité de vie, et les éléments objectifs de son examen clinique et des examens complémentaires. Il en est ainsi depuis qu'Hippocrate a jeté les

[34] Guy Vallancien, *Peut-on soigner sans risque ?* Le Figaro, 1er septembre 2014.

premières bases du recueil déjà épidémiologique des souffrances des citoyens de Cos au V-IVe siècles AEC, et celles d'une analyse méthodique des phénomènes naturels qui pouvaient les causer. Pour le magistrat, la plainte est considérée de façon très différente. Elle est idéologique à un double titre. En premier lieu, elle émane de l'individu citoyen, descendant direct du Bon Sauvage, cher à Rousseau, animé par des instincts positifs, des sentiments élevés, et éclairés par la Raison. En ce sens toute plainte doit être enregistrée, car elle tient sa légitimité de la qualité du plaignant et des droits qui s'attachent à la dignité que cela lui confère depuis 250 ans. Et ensuite, le magistrat semble considérer que son vrai rôle, sa vraie Cause, c'est de se porter au secours des tout-petits, de ceux qui n'ont pas socialement les moyens de faire entendre leur voix pour réclamer justice. Il a peur de manquer le repérage de l'un d'entre eux. Pour le médecin, la question ne se pose pas, car il considère que tout-petits, nous le sommes tous, et parfaitement démunis devant la maladie. Pour le médecin la plainte doit être explicitée et expliquée, ou désamorcée, voire souvent les deux à la fois, parce qu'il à affaire à un malade. Pour le magistrat, la plainte est prise pour argent comptant, parce qu'il a affaire à un citoyen.

Comment un médecin et un magistrat réagiraient-ils à une même plainte sur un cas médical ? Voilà la question que nous pouvons nous poser. Le cas de ce patient de 55 ans nous fournit l'occasion d'un exercice de possible comparaison. S'asseyant devant la pneumologue dans le bureau de consultation, il déclare tout à trac : « *Je tousse depuis six mois, j'ai sûrement un cancer du poumon* ». Il n'a jamais fumé, il va bien physiquement par ailleurs, sa voix est rocailleuse et très nasonnée, il se mouche de nombreuses fois pendant la consultation. Il est évident qu'il a un problème ORL, une inflammation sinusienne et peut-être un reflux, que confirmeront de façon spectaculaire la radiographie des sinus et l'examen oesophagien, alors que sa radiographie pulmonaire est parfaitement normale. Tout ceci est amplement suffisant à expliquer la toux, ce que lui dit la pneumologue, espérant le rassurer définitivement et lui proposant dans la foulée un traitement adapté. Mais le monsieur insiste : « *Êtes-vous bien sûre que je n'ai pas un cancer du poumon ? On ne peut pas faire d'autres examens ? etc…* . Devant cette résistance tenace et surprenante, la pneumologue l'interroge alors plus avant, et il s'avère qu'il est très anxieux pour son fils, lequel paraît relever d'une prise en charge psychiatrique, qu'il refuse néanmoins. C'est probablement l'anxiété qui a déclenché cette phase phobique chez le père. Contact est pris avec le médecin de famille, puis le psychiatre voisin, puis l'infirmière amie de la mère, et enfin l'assistante sociale du centre médico-psychologique de l'arrondissement. Une stratégie conjointe à cinq permet de faire prendre en charge le jeune homme. Le père finit en quelques consultations par renoncer à sa crainte du cancer.... Et par ne plus tousser, grâce au traitement. Si ce patient, phobique et anxieux, arc-bouté sur son opinion, avait de plus été agressif et prompt à rejeter sur autrui la responsabilité d'un problème qui temporairement le dépassait, et s'était précipité au palais de justice, pour porter plainte contre X, que ce serait-il passé ? *« J'ai un cancer du poumon. Le médecin refuse de me soigner »*. C'était aussitôt une instruction qui se mettait en place, le médecin convoqué sans ménagement, un expert nommé remettant en cause ce qu'a fait le praticien, donnant dans la surenchère par rapport aux demandes du patient, proclamant, péremptoire : *« Seul un scanner aurait pu permettre d'éliminer un cancer du poumon »,* ce qui est faux, une demande de contre-expertise... Tout ceci parfaitement inutile pour la gestion du cas de cet homme, mais au nom du fait que sa parole de citoyen vaut de l'or. Sa plainte devait médicalement être entendue, mais pas sous la forme qu'elle revêtait initialement. Accepter une plainte littéralement, c'est souvent l'envenimer, jeter de l'huile sur le feu, la faire durer, là où il faudrait calmer et rassurer. La situation judiciaire que nous venons d'imaginer dans cet exercice uchronique pourrait très bien se produire dans le système judiciaire français. C'est l'enchaînement inexorable du processus tel qu'il est autorisé et facilité par lui.

3.3.11 Le passage au tribunal correctionnel

Au train où se déroule l'instruction, avec cette impression constante qui assaille l'esprit du médecin, qu'on ne l'écoute pas, qu'il n'arrivera pas à se défendre, il subodore que le juge d'instruction, au terme des allers-retours du dossier avec le Parquet (les procureurs), finira par conclure que, oui, il est probablement coupable, oui, il mérite de passer du statut de "mis en examen" à celui de "prévenu", l'individu néfaste sur lequel pèse la présomption de culpabilité, au nom d'un faisceau d'arguments réputé laisser supposer la réalité de cette culpabilité.

Et c'est ce qui se produit, le juge le renvoie (c'est le terme officiel) devant le tribunal correctionnel, c'est-à-dire que le médecin va passer devant un tribunal composé de trois magistrats, dont l'un préside, avec plaidant contre lui, la victime et les parties civiles, et le procureur qui défend la société contre les individus néfastes comme lui. Ce tribunal va rendre dans un délibéré, son verdict, qui établira officiellement si le médecin est coupable pénalement, et la sanction qui lui sera appliquée. Le tout dans une audience publique, afin que la population puisse voir fonctionner la démocratie et l'État de Droit. "*Pourquoi me renvoyez-vous devant le tribunal*, demande ce confrère, *chef de service en cardiologie, qui ne comprend définitivement pas ce qu'on lui reproche*, à la juge d'instruction ?". "*Parce que comme çà, vous pourrez vous défendre officiellement*", répond celle-ci à ce collègue, qui se serait passé de voir se rallonger la procédure, qui, dans son cas, a ait déjà duré cinq ans, et de se donner en spectacle. Non pas que s'exprimer en public le gêne aucunement. Il a l'habitude des assistances nombreuses internationales, et des questions qui fusent parfois durement, mais c'est au cours de débats professionnels constructifs, où il s'exprime librement. Mais là avec ce renvoi devant le TGI, il se sent injustement traité au cours de ce processus qu'on lui impose.

À ce stade, au tribunal, on lui posera des questions et on le laissera s'exprimer. Le prévenu pourra même, éventuellement, produire des experts qu'il aura choisis lui-même et librement. C´est là qu'il lui faudra amener des experts (sapiteurs) de bon niveau pour défendre le dossier. Notons que cette ébauche de contradictoire, cette amorce d'un débat, n'est qu'une possibilité, très dépendante des Cours, nous dit-on, et pas une garantie pour le prévenu. C'est là aussi que le prévenu écoutera le parquetier (procureur) requérir contre lui. Puis quelques semaines plus tard, le délibéré (la décision des magistrats) sera communiqué. Il se peut que le médecin prévenu soit relaxé, c'est-à-dire que le tribunal conclut qu'il n'est pas coupable pénalement. La victime, redevenue un plaignant, puisque son action pénale a été rejetée, et le parquet ont dix jours pour faire appel, c'est-à-dire pour protester contre le délibéré et demander un contre-jugement.

Le médecin peut être le premier surpris de cette relaxe, sur la forme, au regard de ce qu'a été la procédure jusque là, mais pas sur le fond, puisque depuis le début il ne comprend pas pourquoi on l'accuse d'avoir commis une faute, morale, inhumaine, antisociale. Il peut aussi s'interroger sur la cohérence du processus, sa logique, sur les raisons pour lesquelles on le poursuit depuis des années, pour finalement conclure qu'il n'est pas coupable. Il peut être épaté par l'exercice difficile de synthèse auquel les magistrats du tribunal se sont livrés pour réconcilier les données de l'instruction avec les éléments positifs sur son dossier apportés par les sapiteurs et les avocats, et se demander pourquoi ces éléments positifs n'ont pas été, dès le début, inclus dans l'instruction. Rapprochant ses propres observations sur son cas, des données collectives rassemblées par les assureurs médicaux, il peut constater que, de fait, devant les tribunaux, ce sont environ 60% des médecins qui sont relaxés, après une instruction qui a ratissé large, à charge. Il peut dès lors réfléchir à la façon dont les juges d'instruction vont pouvoir affiner leur méthode pour renforcer leur « intime conviction » et remplir ainsi, au plus juste, leur mission de recherche de la « manifestation de la vérité ». Il peut se poser des questions sur les sanctions requises par les procureurs et sur les barèmes qu'ils suivent. Ce confrère, qui est peut-être passé à côté d'un diagnostic aigu, quoiqu'il se soit correctement occupé du patient, se voit taxer d'omission de porter secours, comme si, - donnons ici une image -, passant tranquillement dans la rue, il avait laissé un accidenté sur le bas-côté de celle-ci, se vider de son sang sans appeler les secours. Le procureur le menace, sans barguigner, de prison avec sursis, et en plus de cinq ans d'interdiction d'exercice..... « *Le procureur était dans son rôle* » lui explique après coup ce confrère du Conseil de l'Ordre, qui est aussi expert judiciaire. Il précise cependant qu'à sa connaissance, l'interdiction d'exercice de cinq ans n'existe pas dans les faits, même pour des fautes pénales bien caractérisées. Malgré ce réquisitoire spectaculaire, ce confrère est finalement relaxé... au motif que s'étant occupé du malade, mais n'ayant pas mesuré le danger, il n'a commis possiblement qu'une erreur et pas une faute. Plus exactement, sa mauvaise foi et son incurie ne peuvent être démontrées. *Exit* sa négligence supposée. En somme, il a fait bonne impression, et les avocats ont su montrer que la négligence ne pouvait être prouvée. Sa bonne foi, sur laquelle il eût été imprudent de baser sa défense tout au long de l'instruction, est enfin reconnue. N'aurait-on pas pu s'en aviser plus tôt ?

Il est probable que la majorité des magistrats (comme des médecins d'ailleurs), ces professions vieilles comme le monde, ait pour usage d'accorder de l'importance au jugement personnel, à la confiance que les individus leur inspirent ou pas. Peut-être, et même sans doute, est-ce bien ainsi. Mais dans ces conditions, il ne faut pas qu'un système leur impose la démonstration de preuves d'une culpabilité (de la négligence, de l'indifférence) qui ne peut être faite, car le système le fera de façon pénible pour l'intéressé, et sans grande chance de succès pour lui-même, puisque cette démonstration ne peut pas être menée à bien. Il y a des questions qu'on ne devrait pas poser à un magistrat, s'il ne peut pas y répondre. Si le système pénal ne peut pas aller jusqu'au bout de lui-même dans les affaires médicales, parce qu'il se heurte au noyau dur, incontournable, indémontrable, de la bonne foi et de la bonne volonté, c'est que, dans sa forme actuelle, avec l'accès direct et libre pour le plaignant, il est inutile pour celui-ci et extrêmement lourd pour le médecin, sans garantie d'efficacité pour le traitement du problème de l'aléa thérapeutique. Le pénal doit-il rester un jeu de rôle, qui se fait aux dépens du médecin, seul acteur à ne pas avoir librement choisi sa participation dans celui-ci ? Et quelle place est ainsi laissé à l'aléatoire, dont le prévenu fait entièrement les frais, car qui peut prédire l'issue d'un jeu dont l'un des participants n'est pas libre et est le seul à risquer une sanction bien réelle ?

Esculape se mettant en garde pour défendre énergiquement sa position, contre tous les novateurs blonds ou (sic) noirs, qui viennent pour l'attaquer! dans *Les gens de médecine*, entre 1833 et 1868 (réédition. BN et André Sauret, Paris, 1960), aussi publié dans *Le Charivari*, mars 1859. Daumier confond ici, à plaisir, Hippocrate (460-370 AEC), le père fondateur de la médecine occidentale dans l'île de Cos, et Esculape le dieu grec de la médecine. Une chose est certaine : la médecine est un combat......

4 Le risque et la précaution

4.1 Le risque médical, incontournable, et le principe de précaution, surestimé

Les médecins doivent rendre des comptes sur leurs actes, mais ils doivent pouvoir le faire devant des institutions qui comprennent les spécificités de leur profession.

Il est certain que le gros écueil qui entrave l'évaluation de l'acte médical par les magistrats, puisque ce sont eux qui sont chargés de cette tâche, lorsqu'il y a eu aléa thérapeutique ou suspicion de faute, est la façon dont le système judiciaire envisage le risque médical. Tout acte médical est un choix au mieux dichotomique et parfois à plusieurs branches, dont aucune des branches n'est efficace et sûre à 100%. Ce risque est une réalité incontournable, et le problème du médecin face au juge. Selon les analyses de la MACSF (Mutuelle d'Assistance du Corps sanitaire français), le plus important des assureurs médicaux en nombre de contrats, une majorité des médecins s'en déclare choquée. C'est que le système judiciaire les rend responsables des conséquences de ce risque à titre personnel, alors qu'il est fondamentalement inhérent à l'exercice de la profession. C'est encore plus vrai au pénal qu'au civil. Le risque, soit l'erreur médicale, minime ou grave fait partie intégrante de l'exercice médical, et même du raisonnement médical et de la formation des plus jeunes. C'est au cours de longues réunions hebdomadaires ou pluri-hebdomadaires dans chaque service hospitalier que les étudiants en médecine, les externes, apprennent leur métier en participant à la discussion contradictoire que suscite chaque dossier. Car la discussion est contradictoire sur presque tous les dossiers de patients. L'unanimité sur le diagnostic, le traitement, la prise en charge n'existe quasiment pas. La médecine est une discipline éminemment scientifique certes, cependant le médecin n'a accès qu'à des signes et symptômes traduisant des anomalies des organes, mais qui peuvent être ubiquitaires, ambigus ou trompeurs, comme le sont les résultats des examens complémentaires dont il dispose. Tout signe, tout examen demande une interprétation, et elle n'est presque jamais univoque. C'est la nature même de l'acte médical de présenter un risque, et il ne peut être évité.

Pour le magistrat, le risque n'est pas incontournable. Il est une imprudence qui doit au contraire être évitée, au nom de la conscience que chacun se doit de posséder sur la différence entre le Bien et le Mal. Pour lui, le risque c'est un choix volontairement dangereux, c'est « prendre un risque », au sens où un chauffard prend un risque en conduisant une voiture en état d'ébriété, et cela doit être sanctionné. Pour le médecin, le risque est une possibilité permanente, et conduit à un calcul de probabilité. Peut-être est-ce pour cette raison que dans les pays où la familiarité avec l'analyse statistique et l'attitude probabiliste est plus répandue culturellement qu'en France, dans les pays où les individus depuis l'enfance baignent dans la pratique du calcul de risque, le système judiciaire a mis en place, voire conçu, des mesures judiciaires spécifiques, ou dépénalisé l'aléa thérapeutique, car l'idée de médecine comme un risque y est mieux acceptée. En France, on fait l'inverse, on applique les termes et notions du pénal, « homicide involontaire », « omission de porter secours », « coups et blessures » ou « empoisonnement », à un médecin qui a inadéquatement orienté un malade, à un chirurgien qui a sectionné une artère, à un confrère qui n'a pas ajusté avec suffisamment de précision sa dose de médicaments, tous agissant involontairement, par erreur ou parce que le sort, ce jour-là, était contraire. Partant de là, l'attitude du magistrat face au risque, c'est la précaution, en tant que conscience de l'élémentaire prudence.

Si le système pénal repose sur la notion de faute, toujours plus ou moins intentionnelle, ou au moins consciente de la notion de mal, l'imprudence est bien une faute, comme c'est le cas pour le chauffard. Selon l'article 121-3 du Code Pénal: *«Il n'y a point de crime ou de délit sans intention de le commettre. Toutefois, lorsque la loi le prévoit, il y a délit en cas de mise en danger délibérée de la personne d'autrui.»* Le système pénal considère donc, en bloc, que l'acte médical qui tourne mal est imprudent, fautif, et il est alors qualifié de négligent[35]. Prendre cette position, c'est ignorer dans l'acte médical le risque légitime qui est pris au nom de la nécessité de l'action. Dans l'acte médical qui tourne mal, il n'y a pas obligatoirement imprudence ou incurie, mais bien souvent le risque du choix qui pour avoir été réfléchi et bien intentionné, s'est trouvé pris en défaut.

Désormais, la réflexion sur le système pénal va même plus loin, et certains juristes proposent des notions qui sont une extension de celle de négligence,

[35] FAURE, Sonya, Libération, 14 novembre 2014, *A quel moment une erreur médicale devient-elle une faute pénale* ? A propos du procès en appel dans l'affaire des irradiés d'Epinal.

peut-être encore plus subjectives[36][37], le médecin "indifférent", « imprudent », « indiscret ». Doit-on, pour se donner les armes qui permettent de poursuivre un médecin, investir à ce point le champ de la psychologie ? Se demande-t-on si l'ingénieur, le chimiste, l'instituteur, le pharmacien, le magistrat lui-même sont indifférents ? Gustave Eiffel et Emile Nougier étaient-ils indifférents, ou pas, lorsqu'ils construisirent le viaduc de Garabit, ce chef d'œuvre beau et utile? Probablement pas, mais peut-être que oui. Peut-être étaient-ils indifférents sur certains aspects de leur projet, et passionnés sur d'autres. Le viaduc se fût-il effondré, se demanderait-on si la cause en était leur indifférence ? Sacraliser avec angélisme le rôle du médecin (en projetant sur l'individu médical l'idée toute faite d'un trait de comportement idéal), par rapport à d'autres professions, d'autres responsabilités, en lui attribuant le devoir, qui lui serait particulier, de perpétuelle compassion manifestée, c'est s'exposer et l'exposer à une automatique déception.

Cette approche psychologique du comportement médical idéal, à but juridique, est dangereuse, parce que théorique et partielle, elle se présente comme globale : elle persiste à ignorer la notion de risque et le fait que le médecin lui est confronté, et elle ne prend pas en considération l'évolution naturelle du comportement médical au fil du temps, car, on s'en étonnera peut-être, mais le médecin n'est pas une machine. "*Il y a plus de 25 ans*, dit ce chef de service de réanimation cardiologique, *lorsque j'ai commencé mon clinicat, on m'a mis de garde en réanimation, tout seul, la nuit de Noël. De nos jours, on ne le ferait plus (de confier cette charge au "nouveau"), les moyens ont évolué. Il n'empêche, cette nuit-là j'ai déployé un zèle et une vigilance sans faille. Depuis, je me suis souvent demandé, au fur et à mesure que je prenais de la "bouteille" et du métier, et alors que j'ai maintenant ce qu'il est convenu d'appeler de l'expérience, que mon intuition devant un cas donné s'est accrue, que j'ai largement publié des séries de patients, si je faisais mieux ou plus mal que cette nuit-là. Bien malin qui pourrait le dire et l'évaluer. En tout cas pas moi, mais certainement pas non plus des personnes extérieures à notre profession. Le comportement, c'est l'équilibre entre l'élan affectif et émotionnel, qui ne pourrait être soutenu longtemps, et le savoir qui lui sert de béquille et de protection contre l'anxiété qu'il génère. Mais cet équilibre se construit en dehors de la volonté consciente.*". La maîtrise des gestes cent fois répétés qui devient monotonie, les perceptions aiguisées, mais l'émoussement des sensations, existent, et

[36] MISTRETTA, *Patrick, Droit médical pénal*, éd. Cujas, 2014, Paris, 456p

[37] *Les orientations actuelles de la responsabilité pénale en matière médicale* (2013), Travaux de l'Institut de Sciences criminelles, vol. XXVIII, 2013, éditions Cujas, ISSN : 0248-0301.

doivent être respectées, et sont contrebalancées par d'autres acquis et non des moindres.

Le principe de précaution cependant, est présent dans la Constitution dans un cadre bien précis, celui des mesures environnementales[38][39]. Dans ce domaine on peut choisir d'agir, ou pas, et si on agit il faut le faire en prenant les mesures maximales permettant d'éviter des conséquences néfastes. S'il existe la moindre possibilité qu'une mesure, qui apporterait des effets bénéfiques pour la population, puisse aussi avoir, par ailleurs, des effets toxiques, on peut choisir de ne pas la prendre, et rester dans *le statu quo ante*, en attendant que les spécialistes mettent au point une mesure totalement dénuée de risque. Dans le domaine médical, il n'y a pas de choix possible, l'action est obligatoire (sinon d'ailleurs, il y aurait « omission de porter secours »....). Elle suppose de peser les pour et les contre, de tenir compte de tous les éléments qui composent le réel, et bien sûr, elle peut s'accompagner d'erreur. Les confrères qui ont été amenés à rencontrer des juges d'instruction le disent tous, ce qui sous-tend leurs questions et leurs propos, c'est à chaque instant, le principe de précaution, tout particulièrement si l'aléa thérapeutique est survenu au cours d'une situation médicale urgente. Pourtant, il n'a pas à s'appliquer dans ce cadre.

Les situations médicales urgentes sont les révélateurs de ce problème du risque, c'est-à-dire de « l'aléa diagnostic » dont il n'est jamais parlé, mais qui est aussi important, en lui-même, que « l'aléa thérapeutique ». « *Dans notre service*, disait encore récemment ce chef de pôle d'un hôpital parisien, après tant d'autres, *il n'y a que 50% des patients pour lesquels nous avons un diagnostic précis et bien caractérisé* ». Voilà qui va donner la chair de poule aux lecteurs, dont les magistrats. Et le pourcentage est sans doute encore plus faible pour les urgences. Oui, mais si on considère la durée, le temps long, ces chiffres sont sans doute infiniment meilleurs qu'ils ne

---

[38] *Le principe de précaution, un principe tueur*, Michel Gay, Newsrepublic, 2 septembre 2014. Le principe de précaution de la Charte de l'environnement est inscrit en 2005 dans le préambule de la Constitution. L'article 5 de cette Charte précise : « Lorsque la réalisation d'un dommage, bien qu'incertaine en l'état des connaissances scientifiques, pourrait affecter de manière grave et irréversible l'environnement, les autorités publiques veillent, par application du principe de précaution et dans leurs domaines d'attributions, à la mise en œuvre de procédures d'évaluation des risques et à l'adoption de mesures provisoires et proportionnées afin de parer à la réalisation du dommage ».

[39] Au sujet des problèmes multiples que pose le principe de précaution en médecine, voir aussi l'article de Guy Vallancien, *Peut-on soigner sans risque ?* Le Figaro, 1er septembre 2014.

pouvaient l'être il y a seulement 100 ans. De plus, les 50% des cas « sans diagnostic », ne sont pas abandonnés à l'ignorance et à l'obscurantisme, mais représentent des états qui sans être totalement analysés, sont quand même en partie cernés et offrent une possibilité de prise en charge. C'est le fait d'imaginer qu'il puisse y avoir une possibilité de diagnostic à 100% avec étiquetage aisé et traitement facile, qui serait de l'obscurantisme, de la rêverie illusoire à thème médical. L'aléa diagnostic est un risque qui a une triple base, l'interprétation humaine, les limites des examens complémentaires et le génie propre des maladies souvent déroutant. La vie médicale n'est pas manichéenne. L'aléa diagnostic est un Janus, comme le montre ce cas, rapporté par un collègue interniste, et qui s'est fort bien terminé. Lors d'une garde d'interne aux urgences d'un grand hôpital parisien, il reçut un jeune homme de 25 ans, indien bengali accompagné d'un de ses camarades de logis. Les deux garçons parlent mal le français et l'anglais, mais ce médecin comprend qu'il s'agit d'une histoire de diarrhée, bien qu'il soit difficile d'en savoir plus. L'examen du jeune homme est normal. Un détail pourtant fait retentir une sonnette dans son esprit. Son pouls au repos est accéléré, et vingt ans après il se souvient qu'il était à 105 très précisément. C'est inhabituel, et en même temps extrêmement banal. Est-ce ce détail ? La sonnette était bien faible. Est-ce la situation sociale difficile du garçon ? Il décide de l'hospitaliser, alors que ni la diarrhée chez un homme jeune, ni un pouls rapide ne sont des indications à une hospitalisation, ni même à une surveillance renforcée. Une heure après, l'infirmière de la salle où le garçon a été admis l'appelle : le jeune homme est en état de choc hypovolémique, par déshydratation. Sa diarrhée avait dû être massive, un adulte jeune et en bonne santé ne se déshydrate pas facilement. Il a été transféré immédiatement en réanimation, perfusé et est sorti dix jours plus tard en parfaite forme. Le pouls accéléré était le premier signe du choc en train de s'installer. *« Ce jour-là,* ajoute ce collègue*, j'ai eu du flair et j'ai eu la chance de sauver la vie de ce patient. C'à m'a toujours fait penser qu'il y avait forcément des jours, a contrario, où la malchance s'en mêle. Que ce serait-il passé si je l'avais laissé repartir, et qu'on ait retrouvé le lendemain un garçon de 25 ans décédé dans un galetas ? De quoi m'aurait-on accusé ? Pourtant ma décision n'avait tenu qu'à un fil. Il n'était pas plus rationnel de l'hospitaliser que de ne pas l'hospitaliser. Et sa seconde chance a été que ce soir-là, pour une fois, il y ait eu un lit aisément disponible dans l'hôpital.... ».*

De façon tout à fait caractéristique, la loi de 2002, les institutions (CRCI, etc...), le monde extra-médical ne parle que d'aléa thérapeutique, tout comme les directeurs d'hôpitaux qui émaillent perpétuellement leurs propos de référence aux « soins »... et à son corollaire obligatoirement attendu, la

« guérison ». À notre connaissance, s'il y a bien deux termes qui ne sont que rarement employés par ceux qui sont chargés de les dispenser, c'est-à-dire les médecins , ce sont bien ceux de « soins » et de « guérison »... Le monde extra-médical ne considère donc que le geste thérapeutique et le résultat, attendu comme parfait, et ne se préoccupe pas des étapes nécessaires pour y parvenir, ni des difficultés que cela peut recouvrir. Solution de facilité, certainement. Pour le monde extérieur, c'est le médecin qui est chargé de tout cet « Avant », et il est sensé l'accomplir avec un automatisme fluide, complet et efficace,, la Médecine étant réputée toute-puissante. De ce point de vue, il fait une confiance entière à la Médecine. S'il y a des accidents ou des incidents, ce ne peut être que parce que l'exécutant, l'individu médecin, présent ce jour-là, était mauvais.

Cette spécialiste de réanimation reçoit, après une intervention lourde sur une hanche, cet homme de 40 ans, qui quelques heures après son réveil, a éprouvé une violente douleur thoracique. Dans ces cas-là, on suspecte immédiatement une embolie pulmonaire, c'est-à-dire la formation d'un volumineux caillot sanguin qui remonte des veines vers le poumon et empêche son fonctionnement normal et l'oxygénation du sang, d'où un risque de décès rapide. L'embolie pulmonaire est une urgence vitale souvent difficile à diagnostiquer. Néanmoins, ce jour-là, tout le monde y a pensé, le chirurgien, l'anesthésiste, qui surveillent le patient en post opératoire, et la réanimatrice à qui on le confie et qui fait immédiatement pratiquer un angioscanner, l'examen adéquat, usuellement déterminant. Aucune embolie pulmonaire n'est visible, l'examen est considéré comme négatif (n'apporte pas de contribution au diagnostic). On prend les mesures adaptées pour poursuivre une surveillance minutieuse du patient, y compris les mesures de prévention de l'embolie pulmonaire justement, dans ce service très spécialisé, bien équipé et doté d'un personnel parfaitement formé. 36h plus tard, la situation s'aggrave brutalement et le patient ne peut être réanimé. L'autopsie révèle une embolie pulmonaire massive. La famille porte plainte. Tout médecin, bon praticien, à qui on rapporte ce cas, sait immédiatement qu'il est authentique. Le juge d'instruction lui, a les pires difficultés à accepter cette histoire de diagnostic éliminé un jour et qui s'avère vrai le lendemain. Comme toujours quand on ne comprend pas, il a une réaction paranoïde, persuadé « qu'on lui cache quelque chose », que le bon examen n'a pas été fait, ou que, pire, on a fait le bon examen (de nature hypothétique), qu'on lui dissimule pour cacher une incurie, une négligence coupable. Ses experts en rajoutent, débitant une leçon, non pas basée sur l'évidence de l'angioscanner initialement normal et la séquence réelle des évènements, mais sur *« l'embolie pulmonaire, cette urgence vitale, à laquelle tout médecin doit penser dès qu'il s'agit d'une douleur thoracique post-opératoire »* suivie de l'inévitable *« Ce patient aurait pu, aurait dû être sauvé ». « Mais Madame, vous ignorez le B, A, BA de votre métier, ainsi qu'en témoigne ce rapport d'expertise »*, dira le juge, l'œil scandalisé, à cette réanimatrice, avant de la renvoyer devant le tribunal, selon l'avocat présent ce jour-là aux côtés de sa cliente. Non, le B, A, BA du métier c'est lui qui l'ignore : c'est bien parce que cette réanimatrice est une spécialiste de l'embolie pulmonaire, comme le montrent sa thèse de médecine sa thèse de Sciences en Pharmacologie soutenue à Los Angeles sur des aspects très pointus de la biologie de cette affection, et ses publications, qu'elle s'est trouvée éventuellement confrontée à des cas très graves comme celui-ci. Plus on voit de cas, plus les cas graves peuvent se présenter. Mais pour le juge (poussé par ses experts....), il existe une Médecine Idéale qui sait traiter toutes les embolies pulmonaires, et elle est trahie par l'incompétence des médecins. Les conseils juridiques du médecin durent faire appel à des sapiteurs particulièrement savants et convaincants pour obtenir une relaxe.

C'est ainsi que le médecin se retrouve dans la ligne de mire des accusateurs, puis du magistrat et que l'urgence, devient le chiffon rouge de celui-ci, parce qu'elle représente la quintessence du problème diagnostic, et en aval, mais en aval seulement, celle du problème thérapeutique. Ce n'est sans doute pas un hasard si les chirurgiens, les anesthésistes, les obstétriciens et les pédiatres sont le plus concernés par les poursuites judiciaires. L'urgence est mal comprise, mal acceptée par le public et par la magistrature.

L'urgence pour le magistrat devient la situation idéale à laquelle appliquer le principe de précaution. S'il ne le faisait pas, il se sentirait inférieur à sa Cause. Une urgence, ça se voit, pense-t-il, ça se traite immédiatement, en un geste alliant à la fois le diagnostic (immédiat, puisque ça se voit) et la solution thérapeutique (univoque, efficace et sans danger), dont il est convaincu qu'elle existe. Il a cependant réfléchi à la question : d'autres personnes, voire d'autres médecins, lui ont déjà dit que le diagnostic n'était pas chose facile. Et bien dans ces conditions, c'est simple, il suffit d'appliquer le principe de précaution, c'est-à-dire hospitaliser tout le monde, toutes ces urgences (qui sont évidentes, etc...). Le magistrat n'a pas conscience du réel, qui est que l'urgence ne dit pas toujours son nom, que le spectaculaire n'est pas l'urgent, que la Médecine ne peut pas tout, et que le médecin doit dans ce contexte (et à lui le réel s'impose) faire des choix qui, de plus, peuvent être plus adéquats s'ils ne sont pas immédiats. Pour le magistrat, la situation trompeuse, le cas atypique, les signes cliniques ou biologiques que le médecin a jugés non contributifs, n'existent pas.

Revenons sur le cas de ce confrère, qui a pensé avoir suffisamment d'éléments pour juger que la douleur thoracique fugace d'un patient n'était pas d'origine cardiaque. "*Oui, mais, la collègue de bureau qui a vu ce patient ce jour-là, dit que pendant quelques instants, il a eu quelques larmes, remué les bras en l'air, s'est posté devant la fenêtre, comme pour « chercher son air ». C'était donc très grave*", affirme le magistrat. Avis est pris auprès d'un éminent spécialiste de la cardiologie, qui dirige depuis 25 ans un service de réanimation cardiaque parisien : "*Dans notre expérience et celle d'autres services spécialisés, l'infarctus du myocarde ne se traduit jamais par des signes d'agitation ni une hyperactivité. Le malade est au contraire prostré, incapable de bouger, terrassé par un poids permanent sur la poitrine. Devant le patient agité et remuant, avec une douleur fugace, dont il est question dans ce dossier, il était légitime pour tout médecin, cardiologue ou non, de supputer des diagnostics autres que l'infarctus et pas forcément léthaux.*" Ce point de vue finira par prévaloir..., en quelques années. Fort bien, mais en attendant, c'est le médecin qui a dû supporter le poids de l'accusation et de la charge du juge, sans certitude sur l'issue de cette affaire. Les apparences, l'opinion du grand public, réputée pure et donc infaillible, prévalent longtemps. Mais le problème de fond, la décision, le choix qui peut s'avérer erreur, demeurent la responsabilité du médecin. Le magistrat n'a pas non plus conscience d'une autre réalité : si un médecin donné n'effectue pas de tri, s'il « hospitalise large », le problème de l'urgence ne se résoudra pas pour autant par miracle ; c'est un autre médecin qui récupèrera le problème, et qui se retrouvera peut-être devant lui...

Au médecin le risque de l'opinion qu'il se forge à partir de ses connaissances et de l'analyse des faits au moment de leur survenue, au magistrat l'intime conviction qu'il se forge à partir du principe de précaution et d'une analyse *a posteriori* du dossier.

Quelles sont les bases sur lesquelles la profession médicale décide de sa conduite, de ses décisions ? Comment peut-elle les expliquer à autrui et en particulier aux magistrats ? Depuis que les problèmes médico-légaux se sont multipliés, des efforts ont été fournis pour développer des documents qui puissent servir de référence, aux médecins eux-mêmes et aux magistrats. En somme ce qu'on appellerait dans d'autres professions, des procédures, à supposer que le terme soit véritablement applicable à la médecine. Il est de fait que selon l'avis de médecins de nombreuses spécialités, les comportements médicaux ont eu tendance à se standardiser dans les dix ou quinze dernières années. Pour le meilleur ? La question est posée. "*Je suis surpris*, nous confie ce Professeur de Médecine, *de voir l'évolution des étudiants en médecine depuis quelques années. Quand on discute avec eux de choix de diagnostic et de comportements thérapeutiques, leur première question est presque toujours "Mais, qu'elle est la norme ? Quel est le comportement qui s'impose officiellement ?" Comme s'il y avait une norme.... Quand il y a une multiplicité de formes cliniques pour chaque maladie, et donc une multiplicité de choix qui pourraient être faits, et soutenus... . La médecine n'a pas changé, elle reste toujours sujette à l'interprétation et donc au risque. C'est son fondement, et c'est aussi pour ça qu'elle a des succès et qu'elle progresse. C'est une erreur de faire croire à nos externes (et encore plus à d'autres), qu'elle peut devenir un comportement automatisé. »*"

Il faut maintenant envisager les textes et documents auxquels la profession se réfère pour guider sa conduite.

4.2 Conférences de consensus, Haute Autorité de Santé et Code de la Route

Dans le cadre de l'amélioration de la gestion des soins à l'échelon national, en particulier depuis la loi de 2002, dite loi Kouchner, existe une volonté de mise en place et de standardisation des procédures de prise en charge thérapeutique. La Haute Autorité de Santé, créée en 2002, préside à la rédaction de recommandations dites de bonne pratique (RBP), qui sont sensées orienter l'action et les choix des médecins dans leur prise en charge des malades et des maladies.

Jusque-là le comportement médical était dicté par le savoir acquis à l'Université dans chaque cadre nosologique. Il existait une classification, par définition non exhaustive et toujours complétée d'éléments nouveaux, des maladies (ou cadres nosologiques). Chaque cadre nosologique (chaque maladie, le diabète, l'hypertension artérielle, l'infarctus, le cancer du colon...) était un concept qui conduisait, après explication de ce qu'il recouvrait au plan des signes cliniques et biologiques, à poser pour finir le problème de la démarche diagnostique, puis de la prise en charge thérapeutique. Depuis un quart de siècle, il existe dans les pays développés sous l'impulsion initiale du monde anglo-saxon et en particulier des États-Unis, un processus international dont la France est partie prenante, qui fait que chaque grand cadre nosologique à son tour, est l'objet d'une Conférence de consensus internationale, qui précise les limites du cadre, les critères de gravité à court et long terme, et la prise en charge thérapeutique qui doit s'appliquer selon ces critères. Ces conférences, dûment répercutées dans les Universités médicales de tous les pays (y compris désormais les BRICS et autres pays en voie de développement), ont permis de gros progrès, car tout le monde parle le même langage. Si on discute, par exemple des asthmes sévères type GINA

IV, chacun sait ce que c'est, de Johannesburg à Vancouver en passant par Sienne et Montpellier, et on peut efficacement discuter de ce qui permet d'améliorer la condition des patients GINA IV.

Dans la pratique clinique médicale, pour la prise en charge des patients en vue de soins, en aval des préconisations issues du monde universitaire, il persiste toutefois des différences d'organisation relativement importantes selon les pays, différences qui sont soit culturelles soit liées aux impératifs économiques des différents pays. Les pays anglo-saxons par exemple, disposent de *Chest pain centers* vers lesquels sont acheminés par système de transport rapide, mais sans tri médical, les patients présentant des douleurs thoraciques. En France, c'est le SAMU, qui au moment du signalement du cas, effectue le tri par téléphone et éventuellement en envoyant sur place des ambulances avec médecins à bord. La différence d'organisation n'est pas que de principe, car dans l'exemple choisi, elle accorde une place très différente et possiblement mal définie à tous les praticiens qui forment le tissu du monde médical disséminé à travers le pays. Il va de soi par ailleurs, que dans tous les cas et partout, il y a un moment critique où un médecin (sur le lieu où se trouve le malade en France, à l'arrivée à l'hôpital au Royaume-Uni ou aux États-Unis) est confronté au cas du malade et doit, en fonction de son savoir, effectuer le tri, la sélection entre ce qui lui paraît très urgent, moyennement urgent ou peut être différé. Dans tous les cas, à l'hôpital ou dans la rue, il y aura un moment donné, précis, où la décision médicale interviendra, avec sa compétence, ses limites et son risque interventionnel.

En France, sous l'impulsion du Ministère de la Santé, et à la demande des partenaires du système de santé, s'est mise en place la Haute Autorité de Santé (HAS) qui édicte des recommandations de bonne pratique (RBP) pour la prise en charge des grandes maladies, recommandations réputées connues de tous les médecins. Elles sont rédigées par cadre nosologique, c'est-à-dire par maladie, c'est-à-dire à diagnostic supposé établi. Ceci est important, car cela limite leur utilisation comme outil d'aide pour les plus jeunes ou pour des personnes extérieures comme les magistrats. Par exemple il existe une fiche sur la dépression caractérisée, mais cette fiche n'est pas un document sur la façon d'arriver au diagnostic de dépression par rapport à d'autres maladies psychiatriques. Il existe une fiche sur l'insuffisance coronaire aiguë, mais qui ne traite en rien du diagnostic différentiel avec les myriades d'autres causes de douleurs thoraciques aiguës. Notons d'emblée qu'il s'agit de recommandations, et pas d'injonctions. Elles se présentent sous la forme d'arbres décisionnels. Ou plus exactement, la médecine est entrée dans le monde des algorithmes. Nous n'insisterons pas ici sur la différence entre arbre décisionnel et algorithme, disons simplement qu'un algorithme se présente comme un arbre décisionnel, une succession d'étapes à franchir dans le temps. Un algorithme, c'est une méthode, une façon systématique de procéder pour faire quelque chose : trier des objets, des symptômes, des signes, décortiquer un cas médical… ou avancer dans une décision de prise en charge thérapeutique. Il se trouve que certaines actions mécaniques, et peut-être en partie la fraction mécanique de la décision médicale, se prêtent bien à la décortication. On peut, en partie, définir des procédures, des suites d'actions ou de manipulations précises à accomplir séquentiellement. C'est cela, un algorithme. En tant que méthode, il répond donc à la question « comment ? », « comment faire ce qui est adapté pour le malade ? ». C'est un concept pratique, qui traduit la notion intuitive de procédé systématique, applicable mécaniquement, sans réfléchir, en suivant simplement un mode d'emploi précis.

Mais la démarche médicale est loin de se plier à des schémas aussi simples. « *L'approche diagnostique est une démarche à petits pas avec des retours en arrière, des hypothèses non confirmées, de nouvelles perspectives inattendues. La qualité d'une observation médicale repose en grande partie sur l'inscription sur le papier de parfois dix hypothèses dont neuf sur dix seront erronées, mais dont la dixième sera la bonne. Ne pas les formuler c'est s'exposer à les oublier et à méconnaître le fil d'Ariane qui conduira à la vérité. Les inscrire in extenso est évidemment une agression inconcevable si ce texte non expurgé est communiqué au patient* ». Ainsi s'exprimait le Pr Pierre Godeau, dans sa lettre sur les notes personnelles dans le dossier médical, adressée à monsieur le Premier ministre Lionel Jospin, en 2001 dans le cadre de la préparation de loi n° 2002-303 du 4 mars 2002 relative aux droits des malades et à la qualité du système de santé, dite loi Kouchner. Ce préambule sur « l'approche du diagnostic », par cet éminent interniste faisant autorité, peut servir aussi de base au médecin qui doit rendre des comptes sur sa démarche intellectuelle de diagnostic, laquelle n'est pas qu'une récitation psalmodiée d'algorithmes. Et cela qu'il s'agisse des situations médicales d'urgence ou de maladies chroniques. La démarche médicale, c'est une démarche essai-erreur qui s'accomplit dans le temps, parfois très rapidement, en quelques instants, voire secondes, parfois sur plusieurs années. Elle suppose par définition un risque d'erreur, laquelle peut parfois se produire. Il est possible qu'elle ne soit pas dans le droit fil de l'esprit français, plus volontiers conceptuel que pragmatique, mais il ne saurait être question de ne pas tenir compte de la nature de cette démarche : un tâtonnement, un mode essai-erreur. Les populations doivent en être informées et y être formées, et les autorités autres que les autorités médicales, dont les magistrats, doivent dans la mesure de leurs moyens, faire respecter les conditions de l'exercice médical.

La publication des recommandations de l'HAS (au fil du temps, d'année en année, ou sur plusieurs années, parfois de façon pluriannuelle), progresse en se frayant un chemin entre la nécessité de respecter la démarche médicale et la volonté simplificatrice de réduire la vie à des algorithmes. Avec une certaine lenteur et surtout des mises au point et des retours en arrière qui témoignent bien de la difficulté à élaborer des recommandations univoques et unanimement consensuelles. Peut-être est-ce au fond une mission impossible ? Les recommandations de bonne pratique sont "des propositions développées méthodiquement pour aider le praticien et le patient à rechercher les soins les plus appropriés dans des circonstances cliniques données" selon la Haute Autorité de Santé. Ces recommandations sont élaborées par des groupes de travail de spécialistes réputés posséder des connaissances de bon niveau dont témoigne leur liste de titres et travaux. Il est également fait référence à ces recommandations dans le cadre médico-légal. Pourtant, insiste ce responsable de l'HAS, elles ne sont pas, sauf exception, opposables.

Les RBP sont ponctuellement suivies par le corps médical. « Ponctuellement» seulement, et pour information limitée probablement, car le problème de l'obédience qu'elles pourraient susciter demanderait à être étudié de près. D'une part, il n'est pas sûr que la diffusion soit aisée, même avec internet. D'autre part, il n'est pas certain que les recommandations couvrent réellement les besoins du corps médical : rien ne pousse à penser qu'un gastro-entérologue ou un cardiologue, par exemple, soit très familier avec la fiche sur la spondylarthrite, sauf démonstration expresse du contraire, et s'ils sont amenés à rencontrer un patient chez lequel ils suspectent une spondylarthrite, ils l'enverront *illico presto* consulter un rhumatologue. Quant aux maladies de leur propre spécialité, ils les connaissent par d'autres sources, en particulier parce qu'ils se tiennent au courant par les publications qu'ils lisent et par celles auxquelles ils participent en tant qu'acteur et co-auteur. Et ainsi de suite....Comme le cinéma engagé des années 1970, la fiche de recommandation de bonne pratique (RBP) touche surtout les convaincus..... qui n'en ont pas forcément besoin. En ces temps de spécialité dans chaque spécialité, où il existe des ORL (otorhinolaryngologistes) qui ne voient que des patients atteints de surdité et jamais de cancer du cavum, et vice versa, il n'est pas certain que des recommandations portant sur des maladies très éloignées de leur sujet de travail et qu'ils n'ont plus rencontrées depuis leur externat, soient très utiles. Il n'est pas certain qu'ils soient demandeurs et il n'est pas non plus certain qu'ils soient enclins à considérer les RBP comme la vérité révélée, précisément parce qu'ils savent qu'elles ne le sont pas et que les ajustements en matière d'attitude thérapeutique doivent être permanents. En d'autres termes, les recommandations sont facilement relativisées par le corps médical. Et le généraliste dira-t-on ? Oui, c'est peut-être lui le plus grand usager des recommandations, mais il est aussi le plus grand pourvoyeur des consultations auprès des spécialistes, qui sont ses référents naturels.

Par ailleurs, les recommandations ne sont pas stables dans le temps, elles évoluent à cause de l'actualité scientifique, ou à cause de problèmes éthiques en discussion pour l'intérêt général. Pour la seule année 2011, huit recommandations ont été modifiées. Nous citerons ici quelques exemples pour convaincre le lecteur du caractère hautement évolutif des recommandations de l'HAS. Par une décision du 27 avril 2011, le Conseil d'État a abrogé la recommandation de la HAS sur le traitement médicamenteux du diabète de type 2, suite à la plainte d'une association déposée fin 2009 pour "non-respect des règles de gestion des conflits d'intérêts des experts de la HAS ayant élaboré ces recommandations". Puis, le 20 mai 2011, « les recommandations de bonne pratique sur la maladie d'Alzheimer sont suspendues et leur actualisation attendue avant la fin de l'année". La HAS a enfin annoncé, le 19 septembre 2011, avoir suspendu les 6 textes de référence : (Spondylarthrites (décembre 2008) ; prévention vasculaire après un infarctus cérébral ou un accident ischémique transitoire (mars 2008) ; Polyarthrite rhumatoïde : diagnostic et prise en charge initiale (septembre 2007) ; Polyarthrite rhumatoïde : prise en charge en phase d'état (septembre 2007) ; prise en charge des complications évolutives d'un épisode dépressif caractérisé de l'adulte (avril 2007) ; Prise en charge des patients adultes atteints d'hypertension artérielle essentielle (juillet 2005)). La HAS précise que de nouvelles recommandations sont au programme de travail 2011-2012 (…), portant sur toutes ses recommandations de bonnes pratiques élaborées entre 2005 et 2010, qui seront conformes à l'éthique, en particulier en ce qui concerne la transparence et les liens d'intérêt des auteurs avec l'industrie pharmaceutique. Sur l'insuffisance coronaire aiguë et/ ou l'infarctus du myocarde, les recommandations d'avril 2007 ont été modifiées en avril 2009 et publiées en 2010. On se souvient des débats de 2013, dont la grande presse s'est largement fait l'écho, sur ce problème majeur de santé publique qu'est le diabète, au cours desquels un groupe de diabétologues et d'endocrinologues s'est fortement désolidarisé de la fiche sur le diabète après la publication de celle-ci par l'HAS[40].

---

[40] ROSIER, Florence, *Diabète de type 2, quelle prise en charge* ?, Le Monde des Sciences, 7 mars 2013, rapporte les réactions à la publication par la Haute Autorité de santé le 11 février 2013 de ses recommandations sur ce cadre nosologique

À côté des pavés, la plage, le lycée et le défibrillateur....

Un défibrillateur est installé dans une petite rue discrète entre le lycée professionnel et le port aux voiliers de cette charmante commune normande (3800 habitants l'hiver, beaucoup plus en saison, il est vrai). Les lycéens, qui n'ont pas 20 ans, et les sportifs marins seraient-ils les candidats les plus probables à l'arrêt cardiaque ? Et sinon, quel passant en cas de besoin, ira débusquer l'appareil à cet endroit avec suffisamment de rapidité? Il ne s'agit pas ici de remettre en cause le dévouement des édiles locaux à la santé de leurs administrés ni de s'interroger sur les rapports bénéfique/risque et coût/efficacité de ces appareils. Mais bien plutôt, de nous intéresser à ce passant, qui, d'un pas pressé, ira chercher l'appareil en cas de besoin. Et si ce passant est médecin et qu'il ne trouve pas l'appareil avec suffisamment de célérité, si la victime décède, son compte sera bon : il sera poursuivi (puisqu'il sera la personne réputée responsable et « sachante » sur les lieux) pour omission de porter secours et homicide involontaire, pour peu que n'importe quel autre passant ait eu l'heur de penser qu'il n'a pas agi assez vite....

Ainsi, de l'avis même de l'HAS, les « recommandations » sont des « propositions pour aider le praticien ». Elles ne sont pas des algorithmes ou largement pas que des algorithmes. Le renouvellement des recommandations est rapide, dans l'intérêt, certes, des patients. Mais cette rapidité relativise les recommandations du moment, et l'ensemble du corps médical est sensible à cette notion de mesure transitoire et peut-être fugace. Une recommandation est toujours en devenir et les informations sur ce devenir sont ailleurs, c'est-à-dire dans l'actualité scientifique et ses publications. Concernant les nouveaux textes sur lesquels elle travaille, l'HAS précise que la "qualité scientifique des recommandations (anciennes) n'est pas remise en cause" et qu'elles "peuvent continuer de servir aux professionnels de santé qui doivent les mettre en perspective avec l'ensemble des connaissances disponibles". On ne saurait mieux dire, le fond de la connaissance est ailleurs que dans les recommandations elles-mêmes, et reste l'essentiel pendant que les mesures pratiques sont (perpétuellement) en cours d'adaptation. L'HAS se place donc au milieu, mais pas en avant ni au-dessus des autres sources de connaissance scientifique.

Les recommandations ne sont pas en pratique, un vade-mecum et, en matière médico-légale, ne se présentent pas (et ne sont pas perçues par les praticiens) comme un corpus incontournable, grâce auquel on pourrait définir à 100% ce qu'il convient faire dans une situation médicale donnée, et distinguer tout aussi sûrement la faute de l'erreur en cas d'accident. Ce ne sont pas des lois, ce sont des références médicales proposées, ce qui est plus qu'une nuance. Les RBP ne sont pas faites pour être utilisées par le monde extramédical (grand public ou magistrats) comme un manuel de type *La médecine pour tous*. Elles sont écrites pour des professionnels qui connaissent les termes, les concepts et surtout les limites de ces termes et de ces concepts et la réalité que décrivent ces termes. Elles ne sont pas non plus le *Code de la Route*, ni dans leur esprit ni dans leur rédaction. Une recommandation n'est pas une interdiction de franchir la ligne jaune ou de passer au feu rouge. C'est un corpus de textes proposé pour aider l'activité médicale à s'accomplir, mais pas un code d'interdictions porteur de futures sanctions contre le praticien. Les recommandations laissent la place, dans leur esprit et leur facture, aux conditions de la décision médicale, admirablement décrites par le Pr Pierre Godeau.

Cependant, les RBP sont utilisées par les magistrats dans les affaires judiciaires de responsabilité médicale, en particulier au pénal comme s'il s'agissait du Code de la Route. Pourtant elles ne sont pas opposables, nous précise ce dirigeant de la Haute Autorité de Santé, lui-même médecin, qui connaît les limites des discussions sur un cas médical. De plus, rédigées par cadre nosologique (par maladie), elles sont des recommandations sur l'attitude à suivre à diagnostic réputé établi. Or, les magistrats, dans leur souci d'épouser et de représenter l'opinion du grand public, raisonnent plutôt en termes de « conduite à tenir » devant un ensemble de symptômes (douleurs, vomissements, saignements...). Si un juge d'instruction se hasarde à lire un document médical, ce sera une recommandation de l'HAS, et probablement sans respecter ses conditions d'utilisation. On lui soumet un cas de douleur thoracique, et il jette les yeux sur la fiche Syndrome Coronaire Aigu, suggérée par un de ses experts. Tente-t-on de lui expliquer qu'il existe de multiples autres causes de douleur thoracique, il se persuade qu'on veut l'embobiner.

Y a-t-il des recommandations qui concerneraient tous les médecins, sur les « conduites à tenir » devant les urgences par exemple ? Non, car les recommandations de bonne pratique rédigées par maladie (par exemple, spondylarthrite, arthrose, insuffisance coronaire....) ne sont pas des fiches de "conduite à tenir" devant une situation donnée ou un ensemble de symptômes aigu ou urgent. On pourrait donner comme exemple de situation clinique ou ensemble de symptômes, "abdomen aigu", "douleur thoracique", "mal de tête", "faiblesse brutale d'un membre". Ces recommandations de "conduites à tenir" sont des conseils pratiques délivrés ponctuellement au cours des études médicales, lors de l'enseignement dispensé aux étudiants lors des études médicales pré-doctorales. Ce sont des préconisations de prudence, rédigées de façon pratique qui ont un caractère moins précis que les RBP puisqu'il s'agit d'aider le médecin à se comporter devant un ensemble de signes ou de symptômes. Etablies par le bon sens et l'usage elles ne font pas l'objet de recommandations officielles, sans doute à cause de la variabilité des symptômes qu'elles décrivent, et avant diagnostic. Les magistrats peuvent le regretter, car ils seraient sans doute tentés de penser que cela pourraient les aider, mais les fiches de « conduite à tenir » sont prudentes et fournissent un cadre général, fonction de la nature, de la quantité et de l'intensité des symptômes. L'auteur d'une fiche « conduite à tenir devant une céphalée (mal de tête) », n'écrira jamais « hospitaliser immédiatement », car il ne peut pas prendre la responsabilité de faire hospitaliser 7 millions de migraineux qui n'en ont pas besoin, pour être sûr de pouvoir faire prendre en charge les 35 à 50000 hémorragies méningées annuelles, qui sont effectivement des urgences. L'auteur d'une fiche « conduite à tenir devant une douleur thoracique », quant à lui, n'écrira jamais « hospitaliser immédiatement », quand il sait que, hors des milieux cardiologiques, les insuffisances coronaires aiguës, à hospitaliser effectivement, ne représentent que 1% des douleurs thoraciques. Insistons :

le diagnostic, le tri sont indispensables, et la fiche de « conduite à tenir » est une aide au tri.

Or, lorsqu'un magistrat incriminant en 2013, un médecin sur une affaire de douleur thoracique aiguë, le fait en citant la fiche de recommandation de l'HAS sur "Syndrome coronaire aigu" de 2010, non seulement il outrepasse ses possibilités, non seulement il fausse l'échelle du temps (les faits médicaux datent de 2008, la fiche de 2010 n'existait pas, c'est la fiche de 2007 qui s'appliquait), mais en outre il franchit allègrement (et toujours aux dépens du médecin) plusieurs étapes de raisonnement, en alléguant que le médecin aurait dû se comporter comme devant un syndrome coronaire aiguë (« hospitalisation immédiate »). Le médecin lui, ne se récitait pas la fiche "Syndrome coronaire aiguë", mais était confronté à un problème diagnostic devant une douleur thoracique qui ne faisait pas sa preuve et qui ne lui paraissait pas évoluer comme une insuffisance coronaire aiguë. On imagine aisément les dangers de ces accusations. Mais le juge l'a dit lui-même, à ce confrère : *"Nous raisonnons toujours après coup "*. C'est bien précisément ce qu'on leur reproche. Écrasement de l'échelle du temps dans l'utilisation des documents, dans l'analyse des faits, au motif d'établir la manifestation de la vérité, qui ne saurait être qu'*a posteriori*, ponctuelle et avec les secours de l'autopsie...... C'est pourquoi l'utilisation des recommandations de l'HAS par la société et par les magistrats demandant des comptes à un praticien doit toujours être prudente et mesurée. Pour les experts judiciaires, la référence aux recommandations doit être encore plus nuancée. Ils ne doivent pas en faire une solution de facilité (en utilisant uniquement leur composante algorithme), à l'aide de laquelle il pense se faire plus facilement comprendre du magistrat. Ce serait ignorer leur condition de scientifique et leur condition de médecin (qui connaît et sait analyser en temps réel la rencontre de l'histoire d'un patient avec l'histoire d'un médecin). L'expert médical judiciaire doit dépasser l'algorithme, précisément parce qu'il est le médiateur entre le monde médical et le monde judiciaire, et que s'il ne le fait pas, les magistrats ne seront pas en mesure d'appréhender la véritable teneur du dossier.

Le médecin. Pourquoi, diable! mes malades s'en vont-ils donc tous?... j'ai beau les soigner, les purger, les droguer,.. je n'y comprends rien!
L'imagination (du médecin) dans *Les gens de médecine*, entre 1833 et 1868, aussi publié dans *Le Charivari*, août 1833.

4.3 L'expertise médicale

4.3.1 Une histoire mouvementée et incertaine

Les expertises sont le pivot de la décision judiciaire, et en l'occurrence des affaires médicales en justice. Historiquement, elles ont évolué et continuent à le faire soulevant une problématique qui n'est pas résolue, comme en témoignent les démarches récentes des magistrats, qui en mars 2011[41] ont déposé auprès du Garde des Sceaux, un projet de modernisation en 38 points de l'expertise (dont l'expertise médicale), et de l'Académie de Médecine qui en octobre 2011 a produit un rapport sur les nécessaires adaptations de celle-ci[42].

[41] *Projet de modernisation en 38 points de l'expertise* déposé auprès du Garde des Sceaux par les magistrats, mars 2011.

[42] Coline Garré, *Responsabilité médicale en justice, L'Académie veut mettre de l'ordre dans l'expertise,* Quotidien du Médecin, 27 octobre 2011, p8

Laissez dire un peu de mal de vous, ...laissez dire....tout à l'heure moi, je vais injurier toute la famille de votre adversaire, dans Honoré Daumier, Les gens de justice, 1845-48

En 1995, Jean Guigue, Président du Tribunal de grande instance de Bobigny[43], donnant une conférence dans le cadre de la session de formation continue des magistrats organisée par l'École Nationale de la Magistrature, résumait le dilemme judiciaire en matière d'affaires médicales : « *La lecture de certaines décisions donne à penser que le juge n'est pas celui que l'on croit et que l'expert est le véritable arbitre dont l'avis va avoir un caractère déterminant. Il règne en effet dans l'opinion publique, l'idée que la mise en œuvre de la responsabilité médicale est quasiment impossible et que l'esprit de confraternité fait que les médecins experts auraient tendance à couvrir la responsabilité de leurs confrères. Ainsi le juge, consciemment ou inconsciemment, opèrerait une réelle délégation de pouvoirs au profit des experts et parfois au détriment des victimes*» écrit-il. Ainsi, « *...la solution consisterait à ne pas ordonner d'expertise médicale,.....le juge se penchant sans le secours de l'expert sur les problèmes scientifiques*». *«....Cette solution n'aurait rien de révolutionnaire. C'est le cas en matière de contrefaçons de brevets*». Mais si une telle innovation rendait au juge sa pleine indépendance, l'inconvénient serait que les données scientifiques transmises par les avocats pourraient être déformées, et «*que la médecine n'étant pas une science sans être tout à fait un art, n'est pas soumise à la même rigueur scientifique qu'un brevet d'invention et ne peut de ce fait, faire l'objet de démonstrations aussi rigoureuses* ». Il faut donc un expert, mais il faut aussi que celui-ci ne se substitue pas au magistrat.

Résumons son propos : la confraternité médicale agirait au détriment des victimes dont le magistrat est le véritable défenseur naturel, et si on a recours aux médecins en matière d'expertise, c'est parce que leur métier « n'est pas une science » « sans être tout à fait un art ». Et donc il faut un expert qui connaît à la fois la science et l'art. Puisque, depuis la nuit des temps, les malades (et même les magistrats malades) font appel aux médecins, et que nos sociétés n'ont rien trouvé de mieux à mettre à leur place que d'autres médecins, il faut bien se résoudre, pour ménager à la fois le sort et la coutume, à leur demander leur avis, donc à nommer des experts dans les affaires médicales judiciaires.

Ce texte a d'abord le mérite d'exister, - alors que si peu d'ouvrages sont disponibles sur l'expertise médicale -, et le Président prend le sujet à bras le corps et tente en pionnier, une explication de ce que les magistrats attendent de celle-ci, et de l'idée que se ferait l'opinion publique de la confraternité médicale, ce qui nous permet, à nous, d'en discuter. Tout porte à croire que

[43] GUIGUE, Jean, *Qui juge, le juge ou l'expert ? La responsabilité médicale : de la faute au risque*, Essais et recherches judiciaires, Association d'études et de recherches de l'Ecole Nationale de la Magistrature, ed. Bergeret, 1996, 250p, p 59-63

15 à 20 ans plus tard, cet état d'esprit a changé, et comme on le verra, pas pour le meilleur.

Mais enfin, nous sommes déjà, lors de la rédaction de ce texte, en 1995. En cette dernière décennie du XXe siècle, les effets négatifs allégués de la confraternité sur la mise en cause de la responsabilité médicale ne résument pas toute l'opinion publique sur la médecine. Si la confraternité s'est imposée comme règle de fonctionnement déontologique, c'est qu'il y a, peut-être, quelques raisons à cela, qu'on aimerait voir exposées, débattues, voire défendues dans la mesure où leur légitimité concourt à la bonne prise en charge des malades.

Pour répondre à quelques-unes des questions soulevées par le texte du Président Guigue, il se trouve que, oui, la médecine fait bien partie des sciences, et que si elle reste un art (pourquoi, « pas tout à fait » ?)[44], c'est que deux patients ne sont jamais identiques, les traitements pas toujours totalement efficaces ni sans danger, et pour gérer le malade et la maladie, il faut donc un art de l'interprétation et de l'adaptation au cas de chacun. Cet art est donc l'exercice permanent d'un choix de comportement, tendant au maximum vers l'application de préceptes scientifiques, et représente par essence un risque. En 1995, le risque médical existait déjà. Il existe depuis toujours, depuis que les services de santé de l'armée de Ramsès II, vers 1300 AEC, prenaient le risque, pourtant efficace, de nettoyer les plaies des blessés avec l'urine fraîche de leurs camarades. La médecine est un art, nous dit le Président, c'est-à-dire la nécessité d'une action exprimée avec talent, mais c'est aussi une science, et ces praticiens antiques, excellents observateurs, n'avaient pas été sans remarquer que la cicatrisation était meilleure après nettoyage à l'urine plutôt qu'à l'eau du fleuve, fut-il aussi mythique que le Nil. Ces gens appartenaient sans doute à « l'âge théologique » des sociétés, cher à Auguste Comte[45], mais ils avaient audacieusement admis la notion de progrès, qui n'est en fait qu'une prise de risque. Les mêmes savaient aussi sectionner un œil (à la façon du film de Bunuel) pour en retirer le cristallin et rendre la vision à « bon nombre » de sujets plus ou moins âgés. On imagine les dégâts, on imagine les erreurs. Pourtant l'humanité mit 31 siècles dans le premier cas et 30 dans le second, à comprendre avec Louis Pasteur et

---

[44] Jean Starobinski, *Histoire de la médecine*, éd. Rencontre-ENI, Paris, 1963, p 27 « La médecine actuelle est cette science appliquée par laquelle nous agissons, directement ou indirectement, sur les processus qui se déroulent dans le corps humain. Elle est un savoir transformé en pouvoir. La médecine théorique (biophysique, biochimie, physiologie, physiopathologie, microbiologie, pharmacologie,...) établit les bases expérimentales et rationnelles d'une technique dont l'application est confiée au « praticien ».

[45] *The Correspondence of John Stuart Mill and Auguste Comte*. Traduit par Oscar Haac, avec une introduction (1-32) d'Angèle Kremer-Marietti, éd. New Brunswick: Transaction, 1995

Jacques Daviel, pourquoi ces gens avaient raison. Le risque médical donc, en 1995, existait depuis belle lurette et il faisait partie intégrante de ce qu'une expertise bien faite devrait évaluer. Or, dans le texte que nous citons, pas un mot sur le risque, sa réalité et le caractère inéluctable de sa présence, et pas un mot du fait qu'il doit être assumé non seulement par le médecin, mais par la société qui en délègue la gestion au médecin.

Les difficultés du juge avec les experts, poursuit le magistrat, viennent du jargon et de la confraternité, dont il existe deux sortes : la mauvaise « *voulue, recherchée, somme toute frauduleuse* » (veut-il parler de la complicité liée aux intérêts et conflits d'intérêts ?), et l'autre, qu'on ne saurait en aucun cas qualifier, a contrario, de bonne, *« mais qui peut en revanche s'expliquer par les difficultés, les impondérables, que rencontre généralement tout praticien dans la conduite d'une intervention. Soigner un malade, c'est s'exposer à bien des imprévus* ». Dans le premier cas, c'est une faute impardonnable, comprend le lecteur (en tout cas, nous tomberions d'accord qu'elle doit être fermement prévenue, empêchée), dans le second une faute toujours, mais légère, presque excusable, car compréhensible par le magistrat, dans sa mansuétude. En tout cas, dans l'esprit du magistrat, la confraternité ne peut être en aucun cas ni une qualité, ni une nécessité. Pas un mot pour expliquer qu'elle soit apparue, qu'elle se soit maintenue et qu'elle soit même exigée par le code de déontologie dont le Conseil de l'Ordre est légalement le garant[46]. La confraternité n'est pas une norme, ni la protection d'un circuit fermé. C'est à la fois une éthique de loyauté et une nécessité pour qu'un fonctionnement correct de l'activité médicale s'accomplisse. Les médecins peuvent et doivent s'appuyer sur ceux qui parlent le même langage qu'eux et ont appris comme eux à décortiquer les apparences.

Qu'en est-il depuis 1995 ? L'évolution de la situation laisse dubitatif. Une courte enquête d'information et de proximité auprès de 81 médecins (une majorité de spécialistes, libéraux ou hospitaliers) le montre aisément. À la question « Avez-vous un jour envisagé de poser votre candidature comme expert médical judiciaire ? », 76 répondent « Non » et même « Non, certainement pas ». À la question « Pourquoi ? Raison principale de votre réponse ? », 6 disent avoir d'autres activités, 5 invoquent les enjeux de formation, mais 65, soit 85% des « Nons » invoquent prioritairement les difficultés, voire l'impossibilité, d'évaluer de façon critique les actes d'un confrère, sur le fond, et le rôle qu'on voudrait leur faire jouer, sur la forme. Quant aux 5 qui ont envisagé cette candidature, 3 sont passés à l'acte puis

[46] HECQUARD, Pierre, Relations entre confrères = confraternité ?, Bulletin du Conseil de l'Ordre des Médecins, octobre 2014.

ont cessé d'exercer cette activité en moins de dix ans. Bien sûr, il ne s'agit là que d'une étude pilote, mais elle indique assez la défiance que le corps médical porte à ce type d'activité. Ce chef de pôle de psychiatrie d'un grand CHU de province nous rapporte une anecdote significative : en province il est de tradition que le chef de service de psychiatrie de l'hôpital local soit expert auprès des tribunaux, bien qu'il n'y ait pas d'automatisme à cette nomination. Chargés d'obligations par leurs projets de recherche INSERM, lui-même et son adjoint ont cherché des candidats parmi leurs collaborateurs psychiatres pour postuler comme experts auprès des tribunaux. Aux dernières nouvelles, personne n'a souhaité se porter volontaire. Motif : ambiance présumée par avance trop agressive, remises en question possiblement violentes de leur action. Défiance des deux côtés : les médecins mis en examen d'un côté, les experts médicaux de l'autre. Dans ces conditions, qui est, et qui sera expert médical auprès des tribunaux ? Une tentative de réponse au problème va, nous dit-on, être faite, en organisant une formation pour ceux qui ne seraient pas irrémédiablement hostiles à l'idée de devenir expert.

Par ailleurs, la remarque du Président Guigue sur « *l'idée dans l'opinion publique, que la mise en œuvre de la responsabilité médicale est impossible et que l'esprit de confraternité fait que les médecins experts auraient tendance à couvrir la responsabilité de leurs confrères* » semble sous cette forme ou d'autres, avoir fait des dégâts. Désormais, le comportement des experts, en particulier lors de leur contribution à l'instruction, au pénal, semble viser à éviter les accusations contenues dans les lignes du Président Guigue. Un certain nombre d'experts n'hésiterait pas à charger le « mis en examen », au mépris de la déontologie, de l'éthique et de la rigueur scientifique. Il y a un incident médical, les syndicats s'en mêlent, les médias s'en mêlent. Il faut plaire aux syndicats, il faut plaire aux médias, il faut plaire au grand public et hurler avec les loups. Entre le quidam qui passait dans le couloir le jour de l'incident médical et les déclarations du médecin qui a fait ce qu'il pouvait dans les circonstances qui lui étaient données, ces « experts médicaux » n'hésitent pas : ils privilégient le quidam. Les experts (ces « experts »-là) seront à charge.

4.3.2 Être expert médical

Les experts, médecins auprès des tribunaux sont inscrits sur la liste des experts auprès des tribunaux comme les experts d'autres domaines, et les règles de recrutement sont identiques. Il existe deux sortes de liste : une liste nationale établie par le bureau de la Cour de cassation, et les listes dressées par les cours d'appel. Les magistrats peuvent choisir leurs experts indifféremment dans les unes et les autres, et au pénal à titre exceptionnel et par décision motivée, selon l'Article 157, alinéa 3 du code de procédure pénale, en dehors des listes. Ces listes sont communcs aux affaires pénales et civiles, et sont nées d'une pratique des cours d'appel consacrée en 1960 et 1974 respectivement. La demande d'inscription sur une liste n'est examinée que sur demande du postulant, sans possibilité d'inscription d'office. Une fois la demande instruite, c'est-à-dire après qu'il ait été vérifié que les candidats remplissent bien toutes les conditions requises, le procureur général près la cour d'appel saisit le premier président pour que la demande soit examinée en assemblée générale. Pour la Cour de cassation, le procureur général consulte la cour d'appel avant de présenter la demande au bureau.

Les critères de sélection permettent de nommer les candidats dont les qualités seront présumées par le juge, lorsqu'il désignera un expert. Les experts sont tenus de ne pas avoir été déclarés en faillite, doivent avoir moins de 70 ans, et exercer leur activité professionnelle principale ou habiter dans le ressort de la cour d'appel auprès de laquelle ils postulent. Ils ne doivent pas avoir été les auteurs de faits ayant donné lieu à condamnation pénale ou à une sanction disciplinaire ou administrative de destitution, de radiation, révocation, de retrait d'agrément ou d'autorisation, pour agissements contraires à l'honneur, à la probité et aux bonnes mœurs. Ils doivent avoir exercé leur profession pendant 10 ans au moins dans des conditions ayant pu conférer une suffisante qualification. Ils doivent n'exercer aucune activité incompatible avec l'indépendance nécessaire à l'exercice de missions judiciaires d'expertise. Les experts de la liste nationale doivent figurer sur une liste de cour d'appel, et doivent (c'est sous-entendu) présenter un critère de compétence accrue. Les moyens d'appréciation des magistrats de la Cour de Cassation pour reconnaître ce supplément de compétence de l'expert, reposent essentiellement sur sa réputation : elle est la conséquence de son expertise, tant en matière procédurale, remarquée lors de précédentes missions, qu'en matière technique.

La décision d'inscription est un acte d'administration judiciaire, que les magistrats ne sont pas tenus de motiver, ce qui limite les possibilités de contrôle et de recours. Le titre d'Expert agréé près la Cour de cassation ou près la cour d'appel est légalement protégé, et l'usage du titre n'est réglementé par aucun texte, si bien que l'abus doit représenter la limite, étant notamment caractérisé lorsqu'il fait l'objet de publicité (hors celles réglementaires prévues) et de commercialisation. L'expert n'a pas à manifester sa volonté de se voir reconduit d'année en année. La réinscription est annuelle et la non-reconduction ou la suspension provisoire sanctionnent théoriquement ceux qui ne font pas diligence (non-respect du contradictoire, des délais, dépassement de la mission, partialité,…).

D'une façon générale, l'expertise médicale en tant que mesure d'instruction, a vu son champ d'intervention s'étendre de façon notable dans les vingt dernières années, concernant actuellement tous les stades du processus pénal, allant de la recherche des infractions à leur jugement (son domaine traditionnel), mais aussi à l'après-jugement, la mise à exécution et l'application des peines.

Il appartient à l'autorité judiciaire, au juge, de déterminer la spécialité dans laquelle elle devra choisir le médecin en fonction de la mission et de ses propres attentes (selon qu'il s'agit de l'expertise d'une victime ou de l'action d'une personne mise en examen).

Aucune règle particulière n'a été définie pour la sélection des médecins experts, qui doivent répondre comme les autres aux critères énumérés ci-dessus sans qu'il soit besoin de fournir des éléments supplémentaires. Ceci soulève nombre de questions.

On vient de le voir, pour devenir expert il faut poser sa candidature et être agréé par une Commission de magistrats. Ce n'est ni une cooptation par des pairs, ni un passage devant un jury (universitaire ou professionnel) évaluant le candidat selon sa liste de titres et travaux, son projet professionnel et globalement sa façon de présenter ses réalisations passées et son programme de travail à venir. Les experts médicaux sont classés en fonction de leur spécialité, c'est-à-dire selon la géographie du corps humain (cardiologie, gastro-entérologie, néphrologie, neurologie, etc….) selon les critères établis à partir des années 1870[47]. La désignation couronne en pratique le volontariat de la candidature. À travers le prisme des listes, le monde de la médecine est un monde de praticiens, mais pas un monde cognitif, ni un monde de savoir en perpétuelle évolution, en un mot un monde de recherche biologique ou clinique. Titres et travaux (publications) ne sont pas requis de la part du postulant, éléments qui demeurent contingents.

---

[47] Nous rappellerons ici pour information et pour mémoire le rôle important joué par Sedan et la défaite de 1870 dans l'instauration des disciplines médicales. Dans sa bonne volonté à comprendre les causes de la défaite, entre autres les difficultés du monde de la santé au front et pour les civils lors de ce conflit, la Troisième République déclencha une campagne d'évaluation et « d'amélioration » dont il résulta que le système allemand de santé, déjà organisé en spécialités, parut meilleur. On décida, avec cette détermination que la France est parfois capable de mettre aux choses, de s'aligner sur les bons. Voir GRANDORDY, Béatrice, *Darwin, Pasteur, Koch et Freud dans le roman. Ou l'évolution et la santé dans l'imaginaire européen.* éd. L'Harmattan, Paris, 2012, 241p.

Ce monde de praticiens n'est pas pour autant une photographie du tissu médical. Sur la liste des experts auprès du Tribunal de Grande Instance de Paris en 2009, il n'y avait ainsi que quatre cardiologues en 2009, alors qu'il s'agit encore d'une des spécialités les plus représentées dans l'exercice hospitalier et libéral (1200 cardiologues en Ile de France et plus de 6000 sur le territoire national), mais presque autant (trois) de neuro-pathologistes, alors que, pour contributifs que soient éventuellement les prélèvements tissulaires du système nerveux, ils restent cependant peu fréquents dans les affaires médicales comparaissant en justice.

Notons par ailleurs qu'il n'y a que peu de conditions portant sur une formation à l'expertise judiciaire. Des formations existent partiellement et sous différentes formes. L'obtention d'un Diplôme Universitaire de Dommage corporel, est habituelle avant le début de l'exercice, et sera complétée au cours des ans par la participation à des modules spécialisés de un ou deux jours, sur des sujets de leur choix et aux frais des médecins. L'expert doit évidemment posséder une compétence médicale adaptée. Mais comment le système judiciaire évalue-t-il cette compétence médicale ? On nous cite le cas de cet urologue possédant un curriculum vitae et une liste de titres et travaux dignes de ce nom, qui s'est cependant vu refuser l'accès au titre d'expert, parce qu'il n'avait pas fait l'une des formations de un ou deux jours désormais requises.....

.

4.3.3 L'expertise médicale ou la confusion des genres

La notion d'expert médical pose le triple problème de l'appellation, de la compétence et de l'indépendance.

Quel est le rôle d'un expert ? L'expert est un scientifique dont le domaine de compétence est la médecine. Il fournit un rapport sur l'affaire médicale pour laquelle il a été désigné seul ou collégialement, au stade de l'instruction et le magistrat fonde sa décision sur son expertise, mais peut l'ignorer ou la relativiser, puisque la décision du magistrat est basée sur « l'intime conviction ». C'est un sujet en soi sur lequel il y aurait beaucoup à dire, portant sur un domaine comme l'activité médicale, où l'intime conviction ne devrait être basée que sur une analyse des faits et du réel transmissible à autrui. L'intime conviction du magistrat et celle du médecin devraient se rejoindre. Il n'y a pas de place pour une intime conviction qui ne serait qu'une sorte d'état de grâce, doublé d'un jugement librement intuitif. L'expertise est évidemment un élément fondamental dans un domaine aussi technique que la médecine sur lequel le magistrat ne possède aucune lueur, et ne souhaite pas, (légitimement ?), en acquérir. La dissociation entre la compétence et le jugement est peut-être considérée comme une garantie d'équité par la société, mais c'est une porte ouverte à tous les malentendus involontaires et peut-être parfois, à la malhonnêteté intellectuelle, inconsciente ou pire consciente, lourdes de conséquences pour le médecin mis en examen.

Qu'attend-on d'un expert médical ? Il est un technicien versé dans un domaine savant, mais il est aussi celui qui évalue une situation pour préparer la décision du magistrat. On attend qu'il évalue la situation médicale dans sa réalité, c'est-à-dire en tenant compte de son contexte, de sa chronologie précise, des données sur l'état médical du patient antérieur à la situation examinée, et lors de la survenue de celle-ci, des déclarations écrites ou orales du médecin incriminé sur le cas du patient, de son curriculum vitae et des conditions dans lesquelles il exerce.

Quant au savoir, celui qu'on lui demande de montrer et d'utiliser, c'est celui d'une pratique, basée sur le postulat qu'elle est réductible à quelques règles simples et absolues, mais dont il est demandé qu'il soit en accord avec « l'état de l'art » sur la question concernée.

Mais d'une part, « l'état de l'art » sur la question n'est par définition pas réductible à des règles simples ni à une vérité unique et incontournable. C'est une perpétuelle métonymie (la partie pour le tout, le tout pour la partie), une remise en question permanente de ce qui était admis, et qui déjà est remis en cause, au moment même où l'expert doit rendre son rapport, par de nouvelles études, de nouvelles données, de nouvelles connaissances.

D'autre part, l'expert (on le voit bien dans les critères utilisés pour l'admission sur les listes) est recruté pour son expérience individuelle, exerçant « depuis 10 ans au moins, dans des conditions lui permettant une suffisante qualification ». Préférence est donc donnée à l'âge, à la quantité de malades et de cas pris en charge sans doute…

Or si ces critères, concernant l'expérience médicale individuelle, sont l'expression d'une réserve prudente, ils ne constituent en rien des critères de sélection pour une expertise médicale moderne. Celle-ci ne fonde pas sur la quantité. L'expérience médicale individuelle et son long cortège de malades doit aller de pair avec la connaissance de cadres nosologiques bien définis. Ce n'est pas parce que 15% de la population générale (soit environ une personne sur six) souffre d'hypertension artérielle, presque 6% de diabète et 5% d'asthme, que les médecins qui voient beaucoup d'hypertendus, de diabétiques et d'asthmatiques, c'est-à-dire tous les médecins, sont de bons connaisseurs de ces questions. Le vocabulaire, la façon de penser, du praticien et du bon connaisseur ne sont pas les mêmes. Et étrangement, là où le premier dira « j'ai vu un cas de… » en cherchant à mettre l'accent sur l'originalité du cas, les éléments inhabituels ou ce qui le différencie des autres (« l'histoire de chasse »), le spécialiste insiste sur le faisceau d'éléments qui le rattachent au cadre nosologique, tout en pondérant son propos des arguments qui le poussent tenir compte des éléments inhabituels comme une possibilité du réel. Le scientifique généralise, le praticien individualise, pourrions-nous dire en paraphrasant Jules Renard[48]. L'argumentation du connaisseur est souvent statistique, tient compte des calculs de probabilité, et est, par là même, souvent plus mesurée. C'est précisément parce qu'il sait que presque rien, en médecine, n'est vrai à 100% qu'il a beaucoup moins de certitudes sur l'évaluation d'une situation médicale donnée.

Ainsi l'expert judiciaire peut accessoirement afficher une liste de travaux reconnue et validée par ses pairs au plan international, mais ce n'est nullement un prérequis, et il est possible d'obtenir le titre d'expert judiciaire sur la base seule d'une formation diplômante avec réussite aux examens de fin d'étude et thèse de médecine obtenus vingt ou trente ans plus tôt. De nombreux praticiens poursuivent ensuite toute une carrière professionnelle en pratique clinique, maintenant leur contact avec les avancées du monde médical par des sessions de formation continue de nature variable, mais sans poursuivre le travail initié avec leur thèse. Cette formation continue se fera comme une bonne partie de leurs études par imbibition, par tradition orale, et non pas comme c'est le cas en recherche, par la pratique de l'expression écrite, du document rédigé avec soin pour communiquer à autrui les résultats d'un travail, et recueillir en retour son commentaire.

Cependant, les autorités compétentes disent que le nombre des chercheurs n'excèdera guère 10% de l'ensemble des médecins formés. Tous les autres auront une activité prioritairement ou exclusivement clinicienne. Il est pourtant essentiel que tous se préparent à accepter à vie les règles de la vie scientifique. Il serait regrettable, voire délétère, que les confrères ne connaissent pas et ne respectent pas les règles élémentaires, qu'une pratique même temporaire de la recherche leur aurait inculquée, telles que le respect des faits analysés dans le temps réel de leur survenue, la rigueur, l'habitude de raisonner en terme de statistique et de probabilité, celle de se référer avec

---

[48] « *Le scientifique généralise, l'artiste individualise* ». Jules Renard, (Journal 1902), Éd. Robert Laffont coll. Bouquins.)

prudence dans leur propos à des données ou des articles bien établis, de peser chaque mot dans une phrase, d'analyser un sujet en détail, mais de garder une vue d'ensemble sur celui-ci. L'expertise médicale scientifique pure, bien documentée, relevant des obligations de l'écrit, doit être séparée de l'expertise de la pratique médicale. Un médecin généraliste est en mesure de rendre des services inestimables en matière d'expertise, un spécialiste pointu du diabète aussi. Ce n'est pas le même service, et on ne doit pas chercher à faire passer l'un pour l'autre. Ils sont complémentaires.

À ces considérations sur le sens même de l'expertise médicale, il faut ajouter quelques constatations d'ordre pratique qui ne laissent pas de surprendre. Le choix des magistrats dans « l'existant » des listes d'experts est problématique, car ils ont des idées, semble-t-il, bien établies sur l'ordre d'importance des spécialités, alors que cette notion même n'existe parmi les médecins. Citons un exemple : pour un médecin, un anesthésiste, dans la nécessaire complémentarité des différents types d'activité médicale, est un confrère chargé d'endormir un patient et de maintenir les paramètres biologiques à la normale pendant une intervention chirurgicale. Pour un magistrat, l'anesthésiste, par le simple fait qu'il est anesthésiste, et indépendamment de ses qualités personnelles, est le Phénix des hôtes de ces bois, celui qui sait tout, peut tout, maîtrise le sommeil (et donc la vie et la mort ?). On lui demande son avis sur tout dossier. Sans doute, simplement aussi, parce que les anesthésistes étant parmi les catégories de médecins les plus poursuivies judiciairement, il y a plus d'experts anesthésistes auprès des tribunaux et les magistrats les « connaissent » mieux.

Or, ce type de choix comporte plusieurs écueils, comme en témoigne l'histoire de ce confrère mis en examen pour un cas de douleur thoracique fugace chez un patient décédé quelque temps après. L'enjeu médical dans un tel cas, était d'abord de savoir si la douleur était d'origine cardiaque ou pas. Cela faisait donc sens de demander l'avis d'un cardiologue. Sur la liste des experts se trouvait un chirurgien cardiaque des coronaires (les artères du cœur) particulièrement compétent, dont le mis en examen demanda l'expertise. Elle lui fut refusée au motif « que la spécialité de cet expert ne concernait pas le cas du patient ». Le mis en examen demanda également l'expertise d'un interniste ou d'un réanimateur de réanimation polyvalente, qui lui furent également refusés pour le même motif. Furent désignés par le juge, un cardiologue de quartier et deux anesthésistes, dont un oeuvrant habituellement en neurochirurgie… Trois remarques s'imposent sur le choix du juge : il faut - constater une certaine méconnaissance de la cardiologie de sa part, les chirurgiens des coronaires étant de fait, par leur métier même, d'excellents connaisseurs de la cardiologie médicale de ces artères, - s'étonner qu'un anesthésiste de neurochirurgie ait pu être considéré comme un spécialiste pointu de ces mêmes artères, - et finalement déplorer qu'il n'ait pas été possible d'obtenir l'avis de l'un des spécialistes, en général très formés, qui peuvent replacer une histoire spécifique dans un contexte, tel qu'un interniste ou un réanimateur. Si on ajoute qu'il fut également impossible à ce confrère d'obtenir du juge la nomination d'un spécialiste de sa propre spécialité qui se trouve être également concernée par les douleurs thoraciques, on comprend quelles sont les limitations de l'expertise médicale judiciaire. L'anesthésiste de neurochirurgie eut à cœur de se profiler comme un connaisseur intransigeant de la cardiologie aiguë puisque le juge pensait qu'il l'était, et d'autant plus que ce n'était pas le cas. Quant au médecin mis en examen, il recueillit tous les inconvénients de ce choix. Il aurait bien mieux valu pour lui que l'expert soit un médecin généraliste plein de sens, de raison, de modération et conscient de ce qu'est la pratique médicale. Reconnaissons que dans ce cas, *in fine*, le système fut cependant assez souple pour lui permettre, mais au tribunal seulement, c'est-à-dire tardivement et après une longue procédure, de faire citer un confrère de sa propre spécialité ainsi que deux éminents experts de réanimation cardiaque qui se montrèrent convaincants.

Ainsi, le confrère incriminé n'a pas toujours droit à l'expertise la plus technique ni à la synthèse la plus élaborée. S'il s'agissait d'une discussion professionnelle ou informelle sur le cas du patient ; s'il s'agissait même d'une procédure contradictoire de responsabilité civile au cours de laquelle le confrère puisse s'exprimer librement, échanger avec anesthésistes et cardiologue de proximité serait tout à fait naturels. C'est d'ailleurs ce que fait quotidiennement, avec bonheur, tout praticien, au long de sa carrière. Mais ici les enjeux sont différents. Il y a une certaine disproportion entre l'enjeu (qui n'est rien moins que de traiter le médecin incriminé de délinquant et d'assassin en le maintenant en position de coupable présumé), et les moyens mis à disposition par le système judiciaire, qui sont pour le moins approximatifs.

La mécanique judiciaire, pour éviter le reproche de partialité, prévoit néanmoins des contre-expertises, que le médecin mis en examen peut arracher au juge. Et il peut même suggérer des noms, voire des noms en dehors de la liste officielle. Mais toute suggestion de sa part est suspecte, et si le juge accepte un des noms suggérés (pour qu'il soit dit qu'il respecte les droits de la défense), il s'empresse d'en rajouter deux autres, choisis dans les mêmes conditions que le premier : c'est-à-dire sur sa liste et avec un certain à peu près.

Il n'y a pas d'expert parfait, tout le monde peut en accepter l'idée, si ce n'est l'augure. Mais le système s'entend à multiplier les pièges. Le monde des experts judiciaires est un petit monde, presque une corporation de personnes qui se connaissent. Il est difficile pour un deuxième expert d'en désavouer un premier, surtout s'il le connaît, et s'il a la perspective de retravailler bientôt avec lui. La possibilité de conflits d'intérêts (qui ne sont en réalité que le partage d'intérêts communs obscurs) existe, si elle n'est pas contre balancée par des critères de choix objectifs des experts. La solidarité de corporation peut se comprendre, mais peut s'avérer très dommageable pour le médecin mis en examen.

La sacralisation du rôle de l'expert, non tempérée par les exigences qu'on est en droit d'avoir vis-à-vis de sa fonction, apparaît bien lorsqu'on lit certaines expertises. Les magistrats et les médecins qui ont pu être amenés à lire ces comptes rendus le constatent ensemble : les experts s'expriment parfois inconsidérément, sans paraître être conscients de la portée des mots qu'ils emploient, comme le signalait déjà le président Guigue en 1995. Une fois compris que le procès au pénal a pour but d'établir s'il y a eu 'faute' et pas seulement 'erreur' de la part du médecin impliqué (auquel cas le dossier a toute chance d'être transféré en responsabilité civile), l'expert devrait mesurer son vocabulaire, et prendre conscience de ses responsabilités vis-à-vis du confrère mis en examen. Il devrait ne pas oublier qu'il a à évaluer un confrère qui s'est trouvé impliqué involontairement dans un accident médical, et que sauf cas rarissimes de délits de droit commun bien caractérisés, la très vaste majorité des médecins impliqués dans les affaires médicales n'ont pas voulu nuire à leur patient, bien loin de là. Soit ils n'ont pas été en mesure de l'aider, soit ils ont fait une erreur. Or il y a tout un comportement, tout un vocabulaire qui, employé par l'expert, sera traduit par le juge en terme de faute, avec ce que cela suppose en aval en terme de sanctions infamantes et de médiatisation outrancière. Cette majorité n'a pas mérité un tel traitement, qu'il s'agisse des plus anciens qui jusqu'au jour de l'accident avaient œuvré en conscience pour leurs patients, ou des plus jeunes dont la carrière pourrait être brisée injustement par celui-ci.

4.3.4 « … Et le malade devait d'autant plus être hospitalisé en urgence, qu'il ne présentait aucun signe clinique…. » (sic)

Que penser de cet expert qui mentionne que l'obstétricienne dont il étudie le dossier *« a débranché le monitoring au moment crucial de l'accouchement »*, comme si elle avait négligé ses plus élémentaires devoirs, induisant le magistrat à penser que le confrère a donc commis une faute. C'est le magistrat lui-même dans ce cas, déroulant l'enregistrement du monitoring avec l'obstétricienne qui nie cette accusation, qui établira que la zone plate de l'enregistrement correspond au moment où on mobilise la parturiente pour l'anesthésie péridurale, ce qui a toujours pour effet d'aplanir le tracé électrique, alors même que le *monitoring* est branché ? Que penser de ce cardiologue qui décrit des modifications d'un électrocardiogramme comme spectaculaires et évidentes, faisant croire au magistrat que le confrère concerné a manqué quelque chose de basique et de fondamental et donc a commis une faute, quand deux éminents réanimateur et cardiologue montreront par la suite, que les modifications sont à la limite de la lisibilité, inférieures aux normes de mesure internationales et très susceptibles d'échapper à l'œil d'un confrère d'autre spécialité ? Que penser de ces experts qui affirment sans état d'âme que leur confrère a enfreint les Recommandations de Pratiques Cliniques (et donc commis une faute), alors que la situation où celui-ci se trouvait n'était pas envisagée dans celles-ci ? Que penser de ces experts qui pour étayer leur démonstration, citent comme référence une seule publication, selon les formes apparemment acceptables (nom de la revue, année, volume, date). Apparemment seulement... car en réalité cette référence n'a aucun rapport avec l'affaire en instruction, il s'agit d'un article mineur issu d'un congrès loco-régional, alors que l'affaire traitée concerne un sujet où les publications majeures sont légion, et ne vont pas forcément dans le sens de ce qu'affirme l'expert ? Incurie ? Volonté d'impressionner le magistrat ? Que penser enfin de cet aphorisme d'un anesthésiste, promu expert en cardiologie par le juge d'instruction, *« ... Et le malade devait d'autant plus être hospitalisé (en urgence), qu'il ne présentait aucun signe clinique. » (sic).* Cette phrase est une perle qui, prononcée dans une réunion de confrères, aurait valu à son auteur quelques rires amicaux. Puis il se serait instauré une vive discussion, où l'auteur se serait fait traité, toujours chaleureusement, de zélateur simpliste et impavide de la cardiologie. Les internistes et les pneumologues seraient montés au créneau, pour dire qu'il ne saurait être question pour eux « d'hospitaliser en urgence un patient sans aucun signe clinique ». On eût produit les statistiques de ces disciplines, et on eût clos la discussion en se promettant de se concerter pour établir des recommandations qui puissent être véritablement applicables par tous, comme cela a été fait dans d'autres pays. Mais dans le contexte judiciaire pénal, cette phrase est parfaitement dangereuse pour le médecin incriminé, car ce que le juge comprend, parce que l'expert est son expert, c'est : « *Ce médecin est un assassin* ».

Certains comptes rendus apparaissent nettement comme 'à charge', volontairement à charge, là où on attendrait modération et impartialité. Une expertise devrait être plurielle et ménager les pour et les contre, et il ne devrait pas y avoir d'expertise 'à charge' attendant une expertise 'à décharge'. Concernant le monitoring de l'accouchement, et la lecture hasardeuse de l'électrocardiogramme dont nous parlions plus haut, il n'y avait pas besoin scientifiquement de deux expertises pour établir les faits, mais d'une seule, et de bonne tenue.

Certains experts entretiennent un étonnant rapport au temps. Alors qu'une part essentielle de leur mission consiste précisément à reconstituer les faits, à établir le contexte médical, bref à retracer la situation de l'accident médical, ces experts raisonnent souvent *a posteriori*. Ils partent de la fin de l'histoire (le décès ou le dommage connu et documenté) et des documents complets (autopsie, dosages sanguins…) pour reconstituer ce qu'aurait dû faire selon eux, le confrère incriminé. Cette attitude est semblable à celle du juge, mais dans le cas des experts, elle confine à la faute professionnelle.

Dans une certaine mesure, les experts y sont poussés par la manière dont le magistrat pose les questions auxquelles ils doivent répondre. « *De quoi est mort le patient ?* », « *Quels sont les diagnostics qu'on peut éliminer ?* », leur demande le magistrat, questions auxquelles on peut, en gros, répondre par les données de l'autopsie qu'ils ont sous les yeux, ce qui n'était pas le cas du médecin incriminé. L'ensemble donne l'impression à tout lecteur (et donc possiblement aux magistrats du tribunal correctionnel si le dossier va jusque là) que le diagnostic était évident, et le médecin incriminé un négligent. Dans tout cela pas une seule question sur « *Quelles sont les maladies que le Dr X pouvait évoquer devant ce patient quand il l'a reçu ?* » ni « *Était-il légitime que le Dr X évoque d'autres maladies devant ce patient ?* » ni « *Comment s'est déroulée la prise en charge du patient par le Dr X ?* ». Sous un aspect anodin, le questionnaire employé, avec ses questions orientées ne couvrant pas la situation advenue, mais la suite, est plein de sous-entendus, et très préjudiciable au médecin mis en examen. Autre question : « *Qui devait décider de l'hospitalisation du malade ?* » poursuit le magistrat. Et les experts de répondre : le médecin présent sur les lieux. Dans une pièce où il y a un médecin, du personnel paramédical et un malade, c'est en effet le médecin qui décide de l'hospitalisation du malade et pas l'infirmière ou la secrétaire. Cela ne veut pas dire que le médecin « doive » hospitaliser le patient. Or la question et la réponse, telles qu'elles sont formulées incitent implicitement le lecteur à penser que le médecin « devait » hospitaliser le patient et qu'il est donc fautif s'il ne l'a pas fait.

Les experts dans les comptes rendus d'expertise se bornent à répondre au magistrat. Ils n'ajoutent pas de commentaires libres comme devrait le faire toute personne de bon niveau donnant son avis sur un dossier. Ils se mettent donc en position de répondre à un questionnaire tendancieux, sans se donner la possibilité d'exercer leur libre arbitre et de dire ce qui devrait pourtant être dit au nom de l'honnêteté intellectuelle. S'ils ne conseillent pas le magistrat, qui va le faire ?

Peut-être ces experts adaptent-ils leur comportement à celui du milieu dans lequel ils œuvrent. L'ambiance collective « Ministère public contre Dr X » est probablement responsable de l'agressivité des experts à l'égard du médecin mis en examen. Celui-ci n'est pas engagé dans un débat contradictoire, mais sous le coup d'une accusation. Il croyait pouvoir compter sur ses confrères. Ce n'est pas le cas, c'est même l'inverse qui se produit. Certains confrères mis en examen rapportent une impression d'affaire jugée d'emblée, de sentiment de n'être ni écouté ni entendu, d'instruction se déroulant toujours dans le même sens, d'expertises toujours à charge, d'une sorte de consensus pour les accabler, alors qu'ils étaient suffisamment expérimentés, clairvoyants et bien conseillés pour savoir que leur affaire était parfaitement défendable. Le milieu des experts est petit, ne rend de compte à personne, sauf au juge par lequel ils espèrent être à nouveau choisis. Il n'y a pas de contrôle d'une première expertise, sauf une deuxième expertise par un ou des autres experts appartenant au même groupe. Il n'y a pas ou peu de critères objectifs à la sélection des experts.... Participer à la charge contre un confrère c'est parfois se donner l'étiquette et la posture d'un grand cœur, en donnant des gages aux victimes, aux médias, voire au dialogue social. Où sont alors la Justice, la Médecine et l'honnêteté intellectuelle ?

Une question analogue se pose au sujet d'une autre fonction, particularité parisienne, nous dit-on. Un « petit nombre » de confrères est placé comme conseil auprès du Parquet au TGI, depuis quelques années. Quand on sait que le rôle du Parquet est d'accuser le médecin incriminé au nom de la défense de la société, et de le faire en forçant éventuellement le trait, il est permis de se demander ce que font les médecins placés auprès des procureurs. Quelle garantie existe-t-il de leur indépendance ? Il n'y a pas, à notre connaissance, de fiches de poste les concernant. Le sujet de l'indépendance des médecins s'est déjà posé pour les médecins des assurances, mais au moins dans le monde des assurances, les affaires sont traitées entre parties égales, et si l'avis d'un expert paraît douteux, le confrère de la partie adverse pourra donner sans ambages son opinion. Au pénal, la situation est différente : le médecin incriminé est en position d'accusé dès avant le déroulement de l'instruction et de l'enquête. Que font donc ces confrères placés auprès de l'institution qui a ordonné celles-ci ? Est-ce déontologique ? Comment sont-ils qualifiés scientifiquement ? Un confrère peut-il mener de son propre chef et comme bon lui semble une enquête sur un médecin mis en examen, en étant sur un poste qui ne garantit pas son impartialité et son indépendance, mais au contraire, le place en position hiérarchique par rapport à l'accusateur officiel ?

La mise en place en 2007 de procédures juridico-administratives bien codifiées pour la section disciplinaire du Conseil de l'Ordre (cf. supra) devraient permettre aux médecins incriminés, s'ils estiment avoir été traités de façon injustement négative, d'obtenir des explications claires, et aux experts d'avoir à rendre compte de leur action. Il serait imprudent et peu efficace pour une personne mise en examen de s'exposer pendant la procédure judiciaire, du fait des limites mises à sa liberté individuelle, mais rien n'empêche de le faire après. L'intervention du Conseil de l'Ordre dans le déroulement des affaires médicales pénales est un besoin véritable et nécessaire.

La dimension humaine de la profession médicale, le soin constant, l'écoute des personnes, la disponibilité, la vigilance, le conseil avisé, l'accompagnement sont des composantes majeures du métier médical. À ce titre l'expérience qui chez de nombreux confrères a engendré sagesse et pondération, alliées au goût authentique de soigner qu'on retrouve incontestablement dans le corps médical français mérite d'appartenir aux critères de sélection des experts. Il importe cependant d'être clair : être un praticien dévoué et de bon conseil et un expert scientifique sur telle ou telle maladie sont deux métiers différents. On peut être un généraliste, un anesthésiste, voire un cardiologue, parfaitement utile à ses patients et n'avoir rien du spécialiste pointu de l'insuffisance coronaire. Le problème n'est pas ce que les médecins sont, mais que le système judiciaire leur fasse parfois tenir le rôle de ce qu'ils ne sont pas.

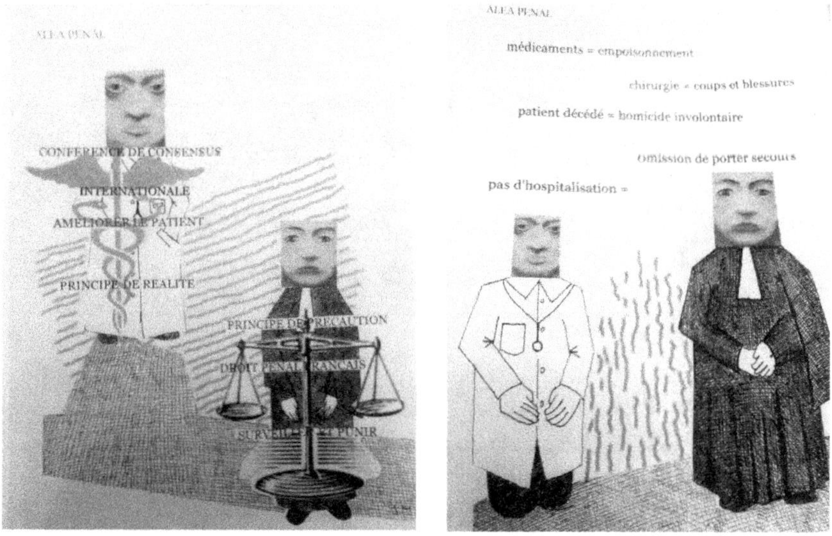

Dessins de Jérôme Mazerat

Le Temps soustrait la Vérité aux atteintes de l'Envie et de la Discorde
Nicolas Poussin 1641, Musée du Louvre, Paris

Le système judiciaire s'inspire-t-il de la réflexion du grand peintre romain, né aux Andelys ?

5 Conséquences pratiques de l'existence des affaires médicales judiciaires

La judiciarisation des affaires médicales, en particulier le pénal, la mise en difficulté des médecins lors de la gestion de situations délicates ont d'ores et déjà des conséquences.

Des conséquences de principe d'abord, car elles posent le problème de l'équité de la Justice : est-il légitime de laisser le plaignant décider de déposer sa plainte au civil ou au pénal, comme il l'entend ? Devrait-il y avoir deux possibilités de traitement pour un fait bien qualifié ? Est-il légitime que des accidents involontaires, survenus dans l'exercice loyal d'une profession, amènent leurs auteurs à être poursuivis comme des délinquants, alors que ces affaires relèveraient de la responsabilité civile ? Est-il légitime d'exposer un confrère de bonne foi aux dangers de la médiatisation, à la lourdeur et au coût d'une procédure judiciaire ?

Des conséquences pour l'exercice médical ensuite. Ces conséquences sont de plusieurs ordres : la surenchère des soins ou au contraire leur rationnement; l'évitement du contact médical dans certaines situations; une gestion de la prescription médicamenteuse qui tourne parfois à la caricature ; et une certaine baisse du niveau de comportement déontologique entre praticiens.

Surenchère et évitement peuvent se succéder lors de la prise en charge d'un même problème médical. Depuis quelques années se sont développées des politiques de transport particulièrement rapide pour certaines malades atteints d'affections menaçant à très court terme le pronostic vital. C'est le cas des syndromes coronariens aigus. Si on intervient rapidement, on peut éviter le trouble du rythme, c'est-à-dire l'apparition des battements désordonnés du cœur qui peuvent entraîner la mort ; c'est la 'mort subite', et éviter aussi l'infarctus, c'est-à-dire la nécrose du cœur et là aussi la mort. Il est donc recommandé à toute personne présente lorsque le malade commence à ressentir une douleur thoracique, d'appeler le 15, qui est le numéro national attribué au SAMU et pompiers. Le coordonnateur (ou régulateur du SAMU) dépêche alors, dans la mesure des moyens disponibles, une ambulance médicalisée pour transférer le patient vers une unité hospitalière adaptée. Fort bien, dira-t-on. L'appel au 15 a permis de sauver des vies, ou tout au moins de donner un sursis à des patients, qui restent néanmoins porteurs d'une maladie sévère. Mais qu'en est-il des médecins ? Doivent-ils aussi appeler le 15 ? Certes, immédiatement, s'ils pensent que la douleur thoracique correspond à une obstruction des artères du cœur en voie de constitution. Mais il se trouve que les médecins savent que les douleurs thoraciques dues à une obstruction des artères coronaires, hors des milieux cardiologiques qui ont déjà trié leurs malades, représentent environ 1% seulement de l'ensemble des douleurs thoraciques, qui peuvent avoir une myriade d'autres origines. Ils savent aussi que le 15 est un service très coûteux et déjà surchargé (environ 6 appels par heure à Paris), qui ne s'occupe pas que des douleurs thoraciques. Dès lors, vont-ils systématiquement appeler le 15 ? Non, ils essaient de trier et de supputer les chances que la douleur à laquelle ils sont confrontés soit d'origine coronaire. Il est certain qu'il y a un possible risque d'erreur dans leur calcul comme dans toute décision médicale. Mais s'ils appellent systématiquement le 15, la situation va rapidement devenir ingérable, pour le SAMU lui-même, mais aussi pour tous les autres patients qui pourraient bénéficier de ce service.

Le médecin peut ainsi, par surenchère, hospitaliser à la moindre occasion, pour se couvrir. Il peut aussi écouter son malade. Est-il légitime d'hospitaliser et de faire subir des examens lourds en urgence à quelqu'un dont la douleur se révélera être un banal spasme œsophagien, et qui à cause de cette hospitalisation imprévue va devoir renoncer à des choses essentielles pour lui, professionnellement, familialement, personnellement ? Beaucoup de patients, du fait de leurs obligations, refusent l'hospitalisation. Que doit faire le médecin ? « S'imposer » n'a qu'un sens très limité. La persuasion, les explications, ont une limite surtout dans une situation où il faut prendre une décision rapidement. Si un patient refuse d'être hospitalisé, alors que son fils ou sa fille le presse d'accepter cette hospitalisation et qu'il décède, la famille dira qu'il a choisi son destin. S'il refuse et décède alors que le médecin a fait de même, la famille se retournera contre lui. Le consentement informé dans ces circonstances, est purement illusoire, et les témoins une contingence. La société fait peser sur les médecins une responsabilité qu'ils n'ont pas les moyens d'assumer : elle leur demande de prendre une décision en son nom et elle n'en assume pas les risques, se retournant contre eux lorsque le risque s'accomplit.

Le médecin peut aussi choisir une certaine forme d'évitement. Déjà, de nombreux médecins généralistes, et des centres médicaux généralistes, de prévention et de médecine de la santé au travail, ont remisé leurs appareils à électrocardiogramme, plutôt que de risquer d'être accusés d'avoir mal interprété un électrocardiogramme, en cas de douleur thoracique. Et alors ? Dira-t-on, qu'ils appellent le 15 ! Le 15 n'est pas une solution miracle, et les effets pervers de l'évitement sont plus insidieux qu'il n'y paraît. Il y a bien là

« découragement » (*discourage*, nous employons cet anglicisme, qui nous paraît très significatif, à dessein) des malades potentiels à venir frapper à une porte médicale en cas de douleur thoracique. L'accès des malades à « la » profession qui peut leur venir en aide est ainsi réduit. On ne reçoit plus un malade qui se plaint, il est sensé savoir qu'il doit appeler le 15.

Dans des situations qui ne relèvent pas de l'urgence immédiate, ces questions se posent aussi. En cancérologie, un domaine où les problèmes diagnostiques et thérapeutiques se posent avec acuité, il semble que le corps médical soit partagé, à cause des comportements induits par la judiciarisation. « « *On ne nous reprochera jamais qu'un malade soit décédé de son cancer, alors que ce sera le cas s'il décède des effets secondaires de la chimiothérapie* » dit ce cancérologue, favorable à la chimiothérapie modérée. Tandis que d'autres, choisissent de plus en plus volontiers en première intention une chimiothérapie agressive, afin d'éviter le reproche d'avoir insuffisamment traité, et les poursuites éventuelles, si la maladie récidive ou se développe. Quant à l'information au malade, elle est particulièrement délicate, et son corollaire, le consentement éclairé et signé, pratiquement impossible à obtenir. D'ailleurs les cancérologues ne le pratiquent pas. « *J'ai été stupéfaite*, confie ce confrère prise en charge elle-même pendant de longs mois pour un cancer abdominal, et pour laquelle heureusement, tout va pour le mieux, *de constater que les cancérologues ne délivrent jamais aucun message d'espoir. Ils ne parlent jamais de l'avenir et ne commentent toujours que l'évènement ou les analyses du jour. « C'est un excellent résultat » est le commentaire le plus positif, et en fait le seul, que j'ai obtenu en plusieurs mois, le jour un le ganglion pour lequel on avait déclenché la chimiothérapie, a diminué de 13 à 5 mm.* ». Elle ajoute que c'est dur, mais qu'elle comprend très bien. Le risque en termes statistiques, seul discours scientifiquement et médicalement légitime, est inacceptable à l'échelon individuel. En conséquence, on ne commente pas les chiffres, mais on ne rassure pas non plus. Le message est : « Battons-nous ensemble ». La confiance, toujours, mais dans la limitation presque malthusienne de la relation médecin-malade basée traditionnellement sur le réconfort. Or, le patient veut le réconfort, la parole qui soulage, fut-elle illusoire.

En anesthésie, l'information est également difficile à délivrer : est-il humainement possible d'avertir un patient que l'un des anesthésiques qu'on va lui administrer provoque des réactions allergiques sévères dans 1 cas sur 10000 ? Prononcez le terme « réactions allergiques sévères », et il oubliera instantanément tout le reste, à savoir qu'il y a 9999 chances que tout se passe bien, alors que cet anesthésique est quasiment indispensable.

Face aux malades fonctionnels, l'abstention est de plus en plus volontiers de mise. Les 'fonctionnels' sont les patients porteurs d'authentiques maladies engendrant une plainte, en général une douleur ou une limitation des actes de la vie courante, pour lesquels on ne dispose que de rares éléments objectifs permettant de qualifier et de quantifier leur pathologie. Un exemple que chacun comprendra : un migraineux est un fonctionnel. Les douleurs peuvent être violentes et invalidantes, on le sait depuis des décennies, mais le migraineux a des examens normaux. Pour lui cependant l'étiquette de fonctionnel n'a pas beaucoup d'incidence, puisque le traitement est médicamenteux et relativement bien maîtrisé, et que la maldie pour invalidante qu'elle soit, est bénigne. Il n'en est pas de même en revanche pour d'autres patients fonctionnels, comme les personnes porteuses d'anomalies peu visibles du canal lombaire, le bas de la colonne vertébrale, avec des douleurs des membres inférieurs et des difficultés à la marche. Fonctionnels aussi, car rien ou presque rien ne permet d'objectiver leur douleur, qui reste certaine, mais subjective, mal reliée aux anomalies anatomiques. Une intervention pourrait peut-être les améliorer, mais cette amélioration n'est souvent que partielle. Or, les patients attendent une guérison complète et une amélioration partielle sera considérée comme un échec, conduisant parfois à la revendication. On pourrait aussi parler de ces petites proliférations nerveuses, les névromes, qui parfois, sous la peau, compliquent la cicatrisation d'une fracture, sur un orteil ou un pied par exemple. Là aussi pathologie fonctionnelle, non quantifiable, et nombre de chirurgiens se méfient, récusent ces malades pour l'intervention, par crainte de leurs réactions alors que le résultat ne peut être garanti comme parfait. Les patients aussi ont besoin d'une éducation à la philosophie du risque.

D'autres comportements d'évitement se font jour. Un confrère, usager hebdomadaire ou plus, du TGV depuis dix ans, considérait de son devoir de prêter son concours, quatre ou cinq fois par an, au contrôleur demandant par haut-parleur s'il y a un médecin dans la rame pour un passager qui vient de faire un malaise. Désormais, quoiqu'il lui en coûte, il ne bougera plus de sa place en pareilles circonstances, car il a réalisé qu'il prenait une responsabilité importante à son compte et sans aucun type de protection pour lui-même, si les choses devaient mal finir pour un passager,...où même si elles se terminaient bien, mais qu'il ait dû retarder un train de 1000 personnes, dont certaines avaient des choses urgentes à accomplir. On lui reprochera toujours d'en avoir fait trop ou pas assez, et il ne se sent pas en mesure d'assumer cette responsabilité. Il ajoute que la SNCF ne lui a jamais envoyé le moindre mot de remerciement. Ce n'est pas au manque de courtoisie qu'il pense, mais au fait que celui-ci, précisément, souligne qu'on se défausse sur lui avec désinvolture d'une vraie responsabilité. C'est même à cause de cela qu'il a pris sa décision de ne plus agir, à moins que incident médical ne se déroule dans son champ de vision. Le 15 viendra à grands frais, récupérer en rase campagne un passager très (ou très peu) malade. Le risque personnel devient trop grand pour les actions de solidarité, auxquelles rien n'oblige sauf le sens éthique, au secours de son prochain. Les conditions imposées par la société font que l'éthique ne peut plus être l'absolu qu'elle devrait demeurer. Soucieux de celle-ci cependant, ce confrère consulte actuellement sur le sujet, la commission de déontologie du Conseil de l'Ordre, dont on apprécierait de connaître les préconisations.

Cet épidémiologiste, dans l'avion qui le ramène de Boston à Paris après un congrès, se lève pour aller demander un café et place son cartable soigneusement au pied de son fauteuil. Lorsqu'il revient, sa voisine est allongée par terre avec une cheville douloureuse et le mari explique qu'elle a buté dans le cartable. Un homme est déjà penché sur la dame. « *Je suis psychiatre* », dit-il, il revient aussi de congrès. Tous deux s'activent, examinent, et prennent les mesures nécessaires avec les moyens du bord pour attendre l'atterrissage. Le mari, comprend qu'il a affaire à deux médecins, n'a aucun mot de gratitude, tempête, leur reproche de ne pas en faire assez et de ne pas demander le demi-tour de l'avion, alors que dans le petit matin blême on aperçoit déjà, par le hublot, la Picardie, et annonce qu'il va porter plainte contre l'épidémiologiste pour le cartable. Tout se termine, bien car le chef de cabine déclare que la compagnie, bien organisée, « prend tout en charge ». Mais dans l'esprit du mari, représentant ici le public, un médecin peut tout, doit tout faire et même au-delà. Ce monsieur devait s'attendre à ce qu'un épidémiologiste et un psychiatre règlent par un claquement de doigt, une urgence orthopédique, puisqu'ils étaient médecins, et quoique l'incident se soit déroulé dans un avion et que les deux médecins n'eussent probablement pas vu, ni l'un ni l'autre, de cheville traumatique depuis vingt ans au moins. La prochaine fois, ils resteront dans leur fauteuil. On ne doit pas être menacé, dans sa bonne volonté même à secourir autrui. Mais la société devrait veiller à la formation et l'information du public sur le rôle des médecins ... même si, persistons-nous à penser, il est quand même préférable, avec une entorse, d'être examiné par un psychiatre et un épidémiologiste que par quelqu'un qui n'est pas médecin du tout.

En matière de prescription de médicaments, un certain nombre de consultations vire à la caricature. Ce confrère, migraineux depuis toujours, se décide enfin par une nuit de souffrance particulièrement aiguë, à aller bénéficier de la prise en charge du « parcours migraine » ouvert depuis quelques années dans un hôpital de la rive droite. Mis sous perfusion (qui le soulage), il fait le point au matin avec la neurologue. Le début de la consultation est bousculé, la secrétaire, le téléphone, les autres malades.... Si bien qu'il n'a pas le temps de dire qu'il est médecin, comme il avait l'intention de le faire par correction. La consultation se poursuit et la neurologue, propose de lui prescrire du propranolol quotidiennement, pour prévenir la répétition des crises. Elle enchaîne alors, sans en dire plus sur l'effet thérapeutique attendu de ce médicament, en distillant la litanie des effets indésirables possibles, quoique non certains. « *Cela dépassait l'imagination*, dit le confrère migraineux. *La seule question qui pouvait venir à l'esprit, eussè-je été un comptable, instituteur, plombier ou garagiste de bon sens, était de demander : « Mais enfin Docteur, pourquoi tenez-vous tant à me prescrire, un médicament, qui va me donner le pouls lent, de la fatigue, exacerber mes crises d'asthme si j'en ai, me donner du vague à l'âme, des troubles de l'humeur, et peut-être...peut-être... des troubles de l'érection ? ». J'ai failli jouer le jeu et poser la question. Mais je me suis dit qu'elle (et moi) faisions un métier difficile, et quand je voyais la liste des patients sur sa table, il n'y avait clairement pas de temps pour engager une discussion de fond. Je considère que cette insistance de plus en plus marquée de la part de nos confrères sur les effets indésirables des médicaments, alors qu'on n'indique jamais pourquoi ils ont été mis au point et pourquoi ils ne représentent un apport magnifique, traduit une déshumanisation de la médecine, qui va vers le virtuel, les apparences. Certains patients sont potentiellement revendicateurs ? On leur balance par avance une liste d'inconvénients pour désamorcer toute revendication possible. Le terme de rapport bénéfice/risque a peut-être une consonance abstraite pour certains patients, mais une médecine humaine est la combinaison d'un médecin qui explique ce rapport et d'un patient qui accepte de l'entendre. Les fautes déontologiques, et les indications opératoires réticentes que tu indiquais plus haut, relèvent aussi de la déshumanisation de la médecine. Tout cela est la conséquence de la judiciarisation. Il n'empêche, moi je rends hommage à James Black*[49]*, dont j'ai bien connu les travaux et l'équipe, et je remercie les firmes pharmaceutiques qui ont développé le propranolol. Je n'ai plus mal à la tête, et n'en déplaise à notre jeune collègue, je n'ai aucun effet secondaire !*»

Les incidents que nous venons de rapporter posent aussi le problème de savoir si les médecins ont le même niveau de responsabilité pour tous leurs

---

[49] Sir James Black (1924-2010), médecin et pharmacologue britannique, Prix Nobel 1988 de Physiologie et de Médecine pour le développement du concept d'antagoniste des récepteurs, et la mise au point du propranolol et des produits qui en dérivent, et des anti histaminiques H2.

actes. Cette question concerne particulièrement les situations urgentes ou plus largement aiguës. Le public, les magistrats sont convaincus que les urgences sont le cœur de métier de la médecine. Si elles représentent un enjeu logistique énorme, auquel des équipes consacrent leur vie professionnelle, elles ne sont pas le problème de fond de la médecine, ou tout au moins elles n'en sont qu'une petite partie. Il y a des médecins, selon leur spécialité ou leur type de pratique, qui ne voient jamais d'urgence, ou pire, qui n'en voient qu'occasionnellement et de façon aléatoire et imprévisible. Si un psychiatre et un épidémiologiste peuvent parfaitement s'occuper transitoirement d'une cheville douloureuse qui est une urgence relative ayant peu de chance de menacer le pronostic vital et fonctionnel, il n'en serait pas de même pour une urgence vitale. Or, ces confrères et d'autres, variés et multiples, ont des obligations suffisamment lourdes dans leurs fonctions, pour ne pas avoir en plus à se former aux urgences, qui de fait ne les concernent pas ou peu (et le « peu » pose plus de problèmes que le « pas »….) dans leur exercice. De plus, pour le type de gestes techniques nécessités par les urgences, on n'est parfaitement opérationnel que sur des gestes bien maîtrisés et répétés très régulièrement. Il est illusoire de se former à des gestes qu'on ne pratiquera pas. Il serait sans doute illogique et probablement peu suivi d'effet, d'imposer une formation au SAMU à un épidémiologiste, un médecin de la santé au travail, un rhumatologue, un gynécologue médical, un pharmacologue etc…Et même dans des spécialités où il y a des urgences spécifiques, les urgences d'autres types sont des raretés. « *Je vois environ huit à dix urgences par an, dont deux ou au maximum trois requièrent l'appel du SAMU, comme une grossesse qui saigne abondamment ou une suspicion de grossesse extra-utérine,* nous dit cette gynécologue d'une grande ville de province qui consulte six jours par semaine, pour des journées de dix heures, depuis vingt-huit ans. *Je n'ai jamais, en vingt-huit ans, eu une seule fois à appeler le SAMU pour une raison autre que gynécologique* ». Va-t-on l'envoyer se former sur l'embolie pulmonaire ou l'insuffisance coronaire aiguë ? Partant de là, on peut se demander quel niveau de responsabilité on peut exiger des différents médecins dans ce domaine. C'est une question à laquelle il serait bon qu'il soit répondu.

La judiciarisation est la fois la cause et la conséquence de la détérioration des relations médecin-malade. Pourtant, la confiance reste indispensable au bon fonctionnement du système de soin. Il est certain que les termes de cette relation ne sont plus ce qu'ils étaient depuis des siècles et jusqu'à ces quinze ou vingt dernières années. Combien de fois chaque médecin a-t-il entendu un patient dire « *Docteur, vous m'avez rassuré* », comme si c'était le but unique de la consultation, et pas l'état de santé lui-même ? Et combien de fois le médecin a-t-il pensé dans son for intérieur : *« Je suis content, dans ce cas-là d'avoir pu lui apporter de l'espoir, parce que, de fait, il est amélioré, je le mesure, mais combien d'autres pour lesquels je ne puis en dire autant ».* Le malade parle le langage du réconfort, et le médecin celui du soin, c'est-à-dire de l'efficacité possible, mais pas certaine. Et actuellement, il n'est plus possible de parler préférentiellement le langage du réconfort. Il y a un droit aux soins, mais pas un droit à la santé. Le but n'est pas de rassurer, mais de partager un risque commun, en tenant le discours du principe de réalité, en parlant le langage du soin et pas celui d'une santé idéale fantasmée et attendue. Le malade doit l'entendre et le comprendre. Donner de l'espoir dans un discours facile, c'est mener le malade à la désillusion puis à la revendication. Pourtant, médecins et malades doivent entretenir une mutuelle confiance, même si les résultats ne sont pas obligatoirement au rendez-vous. Voilà pourquoi la médecine donne l'impression de « se déshumaniser », parce qu'il y a un problème des mots à employer au sujet d'enjeux nouveaux. Cette spécialiste des troubles respiratoires du sommeil, dans les premiers jours de son arrivée à Yale, rend visite à deux confrères dans le service de réanimation. Soudain, une alarme retentit : un jeune homme fait un collapsus cardio-respiratoire. Le réanimateur de garde enclenche les opérations. Une infirmière, sans doute originaire des États du Sud, se place à la tête du patient et le stimule pour le tenir éveillé *« You are doing well ! You are doing very well ! You look fine ! You will make it ! We are going to make it ! »*, clame-t-elle. » *Nous étions tous trois plaqués contre le mur pour ne pas gêner la manoeuvre, silencieux, et pendant vingt longues minutes, il n'y eut que la voix du réanimateur qui claquait ses ordres, et la voix de l'infirmière, propre à chanter des Negro spirituals et le gospel, qui roulait au-dessus de ce garçon à l'article de la mort, et de nos têtes. Il n'y a qu'en Amérique qu'on peut avoir des manifestations aussi enthousiastes et extraverties contre toute évidence, mais je me suis dit que cette infirmière résumait assez bien cet esprit de bataille commune avec les malades autour d'un espoir, aussi ténu fut-il ce soir-là. Parfois ça marche : ils ont récupéré ce patient. Parfois çà ne marche pas, et on comprend mal l'état d'esprit actuel, entretenu par la judiciarisation des processus, qui remet en cause le très sage principe de non-obligation de résultats, qui est une nécessité dans notre profession ».* C'est dire avec d'autres mots ce que rapportait quelques lignes plus haut la patiente de cancérologie.

6 Conclusion

–J'ai tellement confiance en Vous que, la plupart du temps, je vous appelle Docteur.

Les poursuites judiciaires à l'encontre des médecins pour préjudice corporel, avec ou sans erreur, avec ou sans faute se multiplient.

La loi de 2000 et la mise en place des Commissions Régionales de Réparation et d'Indemnisation en 2002 ont encore accru la complexité des procédures judiciaires existantes (différences entre les systèmes de santé publique et libéral ; choix par la victime des démarches qu'elle peut entreprendre pour solliciter réparation), sans qu'un système unifié, global, et spécifique ait été mis en place pour la réparation des préjudices médicaux.

La France fait partie des pays du monde développés, qui ont conservé un « système à responsabilité délictuelle » fort pour la réparation des préjudices, ce qui veut dire que, en pratique, la possibilité existe que le médecin soit poursuivi d'emblée devant un tribunal correctionnel, au pénal, comme un délinquant de droit commun. Ce système contraste avec celui des pays "sans système à responsabilité délictuelle", ou tout au moins « à responsabilité délictuelle » plus tempérée (les

USA, le Canada, voire l'Angleterre et les autres pays d'Europe de l'Ouest) où le affaires judiciaires médicales sont systématiquement traitées par une juridictio civile, sachant que au cours de l'enquête, si des éléments apparaissent qui for suspecter un délit, le cas sera bien entendu traité comme tel (aucun de ces pay n'étant "totalement sans responsabilité délictuelle" sur le fond).

La différence entre les deux types de systèmes est néanmoins d'importance, ca elle fait que, dans un pays comme la France, un médecin peut être (et est, de fait poursuivi pour "homicide involontaire", "omission de porter secours", "coups e blessures", "empoisonnement", "tromperie" etc..., soit des chefs d'accusation qu relèvent du droit commun, et ce, en première intention, et dès avant enquête. C'es à lui de remonter contre les apparences dont on l'accable, et c'est à lui qu'incomb la charge de la preuve contraire. Bien plus, et c'est particulier au système françai puisque toute personne pensant avoir été victime d'un délit, peut se porter parti civile, certains plaignants choisissent cette voie à l'encontre des médecins, plutô qu'une autre des alternatives auxquelles ils ont accès. Certes, le procureur décid de la recevabilité de la plainte, ce qui probablement limite les abus, mais ce « libr accès » pour quiconque ; la loi, qui permet à chacun d'obtenir une instructio pénale, en se constituant partie civile auprès d'un juge d'instruction, lorsqu'i pense avoir été victime, sans justification de ses motivations, ni preuves de se accusations ; cette disponibilité de la magistrature ; l'existence de cette fonctio d'instruction qui crée le comportement ; le principe de précaution, entendu e étendu au-delà de sa définition ; les aphorismes, acceptés comme principes ("Il y eu un mort, c'est une affaire très sérieuse".... suffisant à déclencher un instruction) ; les préjugés ("Les médecins s'entendent entre eux et nous cachen des choses") ; tout cela expose le médecin à des poursuites "faciles" au moins dan un premier temps, sur lesquelles il n'a pas de prise une fois qu'elles son enclenchées. C'est le médecin qui porte le poids d'une instruction pénible, et qu devient le bouc émissaire d'un traitement peu équilibré du problème de l réparation du préjudice médical par la société. Un système judiciaire satisfaisan devrait pourtant permettre un traitement équitable de problème du préjudice pou la victime et le médecin.

Les médecins se sont peu exprimés sur le sujet, soit par déni de leur situatio collective (ils espèrent que le sujet ne les concernera pas à titre personnel), so parce qu'éventuellement impliqués par la justice, une fois sanctionnés ou relaxés ils préfèrent oublier une période difficile, d'autant qu'elle a souvent duré plusieur années, car le système judiciaire prend son temps, soit qu'enfin ils soient gagné par une sorte de fatalisme, qui les pousse à affronter seuls des situation auxquelles ils pensent ne pas pouvoir échapper. Les minimiser tout en le redoutant : ce déni est-il un refoulement ?

Il serait nécessaire pourtant que les médecins soient partie prenante dans les discussions de la gestion de ce problème majeur de santé publique, de façon comparable à ce qui a été fait au Canada, où un consensus a été recherché puis trouvé entre les acteurs impliqués dans la réparation du préjudice médical.

Le présent ouvrage nous a permis :

- de résumer quelles sont les principales formes de réparation possibles dans le domaine du préjudice médical en France, principalement à destination des médecins qui ne maîtrisent pas le sujet.

- de montrer quels sont les écueils majeurs du système, en particulier pénal, du point de vue de son contenu, de son mode de saisine et de son mode de fonctionnement (judiciaire et médico-légal), à partir d'exemples vécus, de témoignages, de débats.

- de montrer quelles sont les dérives qui peuvent se produire du fait de l'existence d'un système judiciaire que les médecins ne comprennent pas.

Des pistes à court, moyen et long terme s'ouvrent pour améliorer le fonctionnement de la mise en jeu de la responsabilité médicale en matière judiciaire : pourrait-on faire quelques propositions pour l'avenir, pour réduire la longueur des procédures, leur champ d'application ?

- Instaurer une discussion obligatoire avant toute procédure, entre le plaignant potentiel et le(s) médecin(s), chacun assisté des conseillers médicaux de son choix, une sorte de recours gracieux, qui permettrait de s'expliquer, le résultat de la discussion étant consigné par écrit sous une forme à définir, mais assez semblable aux documents de consentement informé. À notre, qu'en Belgique des fonctions de médiateur ont été instaurées dans les hôpitaux. Ceci mérite un suivi et plus ample information sur les conditions de fonctionnement et les résultats.

- Impliquer plus largement le Conseil de l'Ordre des Médecins, avec peut-être une consultation obligatoire là aussi. Cette institution devrait aider à la remontée des demandes et répondre aux besoins des médecins, qui obligatoirement inscrits auprès d'elle pour pouvoir exercer, sont en droit d'être représentés et défendus par elle, dans les aspirations légitimes et spécifiques de leur profession. C'est actuellement impossible, car dès qu'une affaire est au pénal, le Conseil de l'Ordre s'en désintéresse et réserve son avis, ce qui laisse le médecin incriminé isolé, alors même que dans de nombreux cas il sera finalement innocenté à l'issue de la procédure. Les médecins apprécieraient également que les autorités de santé et leurs corps de contrôle au plus haut niveau, se préoccupent d'une situation qu'ils jugent collectivement inquiétante à leur endroit.

- Jouer sur tous les leviers de la formation : pour les magistrats, en milieu médical, avec l'accord éclairé des patients, comme cela a déjà été fait dans certains hôpitaux du nord de Paris, il y a quelques années lorsque se posaient les questions sur la responsabilité médicale au cours du diagnostic par échographie des anomalies anténatales ; pour les médecins bien sûr, en intensifiant et facilitant les formations déjà existantes; pour le grand public même. Serait-il impensable, en évitant les pièges de la vulgarisation, de dispenser quelques notions aux plus jeunes lors des cours de Sciences de la vie, sur ce qu'il est raisonnable d'attendre de la médecine : le droit aux soins et pas le droit à la santé ?

- Réfléchir aux modes de rédaction des expertises médicales; et envisager une consultation beaucoup plus précoce des « sapiteurs », une collaboration entre les praticiens de terrain, les spécialistes très formés des sujets médicaux en cause, des internistes, et des spécialistes du monde médico-légal.

- Envisager une réflexion collective des acteurs concernés sur un fonctionnement unifié du système médico-judiciaire visant à la fois à la réparation des préjudices médicaux pour le patient et au traitement équitable des médecins. La mise en jeu du système pénal dans le temps, dans son mode de saisine (suppression de l'accès direct au pénal pour le plaignant en matière médicale), dans son fonctionnement, dans sa spécificité médicale, est certainement un des tout premiers points à discuter.

Il n'y a pas 550 000 plaintes par an au pénal pour nos 550 000 morts annuels. Bien loin de là, le bon sens et l'usage font que ce n'est pas le cas. Mais absurdement, le système le permettrait, plus toutes celles pour « coups et blessures médicaux ». La régulation des plaintes abusives ou excessives se fait de façon floue, non quantifiable, car aucune statistique n'est disponible sur les plaintes déposées auprès des TGI. Et cette régulation se fait certainement toujours en aval, par la relaxe « d'environ » 60% des médecins qui en attendant ont subi des années de procédure pénible. La mise en jeu du système pénal en France dans les affaires de responsabilité médicale n'est donc pas adaptée ;

Nous espérons que ce livre contribuera à une réflexion, pour l'instant incomplète collectivement, sur la responsabilité médicale que les médecins doivent assumer pour le bien de tous. Ils doivent pouvoir le faire librement et en attendant trouver l'attitude adéquate pour se défendre efficacement.

La postface du médecin,

Par Alain Haertig, chirurgien et Professeur de médecine légale, Université de Paris 6, Pierre et Marie Curie, mars 2015

Le livre de notre collègue Béatrice Grandordy, qui pourrait fort bien s'appeler " *réquisitoire contre la procédure d'instruction...* ", ne fait que refléter une situation propre à l'ensemble des confrères qui, tous, peuvent se trouver confrontés au difficile problème de la responsabilité médicale, en particulier pénale.

Ces problèmes de responsabilité ne sont certes pas nouveaux puisque dès le XVIIIe siècle AEC, le code d'Hammourabi précisait que si un patient meurt ou a les deux yeux crevés au cours d'un acte médical.... le praticien sera amputé.... des deux mains !!! Darius, 510 ans AEC, indiquait également que si le médecin venait à perdre son malade il pouvait être condamné à mort.

Pourtant la médecine a profondément changé, non seulement du fait des savoirs scientifiques considérables, qui s'accumulent sans relâche depuis le premier tiers du XIXe siècle environ, mais de façon très récente dans l'organisation du corps médical, et dans les critères qui permettent de déterminer ce qu'est la bonne médecine et donc le bon praticien. En France la réforme Debré en 1959, a porté les premiers coups à un système mandarinal très lié à une médecine purement clinique, qui répondait, intellectuellement, à une nécessité de classification des maladies et, humainement, au besoin de définir les termes de la relation entre le médecin et son malade. Depuis, il ne se passe pas de jour sans que la technique et la science ne viennent s'immiscer dans la définition de ce que doit être un bon médecin. Le « Professeur », le « Médecin des hôpitaux », le « Médecin tout court » ne sont plus ce qu'ils étaient, sauf à avoir intégré de nouvelles valeurs sous le costume ancien. Peut-être faudrait-il changer les mots, peut-être faudrait-il admettre qu'il y a différents types de médecins. En tout cas, ne pas prendre les uns pour les autres. Face à cela, lorsque nous lisons, dans la passionnante préface du Président Patrick Desmure, que la justice est immuable, voire éternelle, si nous en acceptons l'augure, la crainte nous saisit que, dans la pratique, il y ait un risque que le système judiciaire n'utilise ses experts médicaux qu'en fonction de critères au moins inadaptés, et au pire dépassés. Le Professeur à l'ancienne, voire l'un de ses émules pour lequel les comportements de son Maître sont toujours, de façon vivace, un modèle à suivre de nos jours, est-il l'expert dont peuvent rêver le monde judiciaire actuel et ses justiciables ? La question prend toute son acuité dans le système pénal : lors des procédures devant un tribunal civil ou administratif, en effet, le débat est contradictoire, et les experts de tout type, les anciens et les modernes, pourront faire valoir complètement leurs arguments. Au pénal, devant le tribunal correctionnel, l'expert qui adopte une posture, qui croit que sa parole vaut de l'or, qui ne frotte sa pensée ni au réel ni à la connaissance scientifique bien documentée, qui raisonne *a posteriori* sans respecter la séquence des faits à laquelle s'est trouvé confronté son confrère mis en cause, peut se révéler dangereux. Car la procédure n'est pas contradictoire, elle est inquisitoire, et le « mis en cause » ne peut qu'être écrasé par les acteurs de l'instruction, lesquels ont raison contre lui, qui est par définition le prévenu.

Qu'en est-il au quotidien ? Le médecin français contemporain peut, - deux ou trois ans après les faits -, se trouver convoqué dans un commissariat, par un officier de police judiciaire, pour répondre d'une plainte déposée par un patient, sans savoir au préalable duquel il s'agit, ni obtenir une réponse de cet officier, excepté la phrase sibylline de la convocation : " *pour une affaire vous concernant* ". Voilà déjà une bonne mise en condition !!!

Un officier de police judiciaire peut en effet - sur commission rogatoire pénale et par délégation du juge d'instruction ou du procureur- être chargé d'effectuer une enquête préliminaire. Le médecin y est ainsi, dans un premier temps, entendu comme témoin... À la fin de cette enquête, l'officier de police judiciaire rédigera lui une note de synthèse qui pourra déjà orienter l'opinion du juge. Le médecin sera ensuite immanquablement convoqué devant le juge d'instruction. L'audition devant un juge peut se révéler une expérience humainement éprouvante. Il n'est pas rare que le médecin considère qu'on exerce sur lui une pression psychologique visant à le "faire avouer" (avouer quoi ? s'interroge-t-il .). À l'issue de cette audition (laquelle est parfois multiple), un statut de mis en examen ou de témoin assisté peut être attribué au médecin par le juge d'instruction. Le médecin se trouve très souvent démuni face à ces interrogatoires qui sont souvent ressentis comme des agressions, et pas comme une juste recherche de la « manifestation de la vérité ».

Devant l'officier de police judiciaire, le médecin est, pour la première fois de cette procédure inquisitoire, confronté à un interrogatoire : on cherche à le mettre en contradiction avec lui-même; on lui demande tout et son contraire. L'officier de police judiciaire pose des questions nominatives sur le cas médical. Soit le médecin communique les informations sur son patient, et il risque de violer le secret médical. Soit il se tait, arguant du secret médical, et on le menace, au motif qu'il ferait obstruction à la justice, alors même qu'il n'est encore que témoin, et qu'à ce stade le dossier médical n'a pas été saisi. Rappelons que le secret médical est cependant la règle, et que la saisie du dossier médical en présence d'un représentant du Conseil de l'Ordre des médecins, est le seul moyen d'accès légal au dossier pour les officiers de police judiciaire ou les juges, excluant la possibilité qu'un officier "fasse parler" le médecin sur celui-ci. Plus tard devant le juge, le questionnement inquisitoire se répètera. Comme le fait remarquer le Président Desmure dans sa préface, ou bien le médecin donne des explications techniques et scientifiques, et on lui reprochera d'être inhumain, ou il explique les grandes lignes de son action, et on lui reprochera d'être incompétent. Ou bien il exprime trop tôt ses regrets d'avoir été mêlé à l'accident qui a touché son patient, et les magistrats considèreront qu'il s'agit d'un aveu, ou ses excuses viennent trop tard, et on lui reprochera son arrogante inhumanité.

À combien de petits règlements de comptes entre patients et médecins, ou entre médecins, personnels ou direction, ces questionnements inquisitoires, mais jamais contradictoires, sans que le médecin incriminé connaisse les réponses de médecins ou des personnels de santé entendus avant lui, ont-ils pu laisser libre cours, faisant dévier une enquête dont la teneur sera le plus souvent à charge ? Règlements de compte banals partout, dira-t-on….Oui, mais la procédure pénale même, parce qu'elle est inquisitoire, permet aux bas instincts de s'exprimer sous cette forme violemment accusatoire. Enquête à charge parce que l'officier de police judiciaire et le juge d'instruction ont un quotidien fait de viols, incestes, coups et blessures volontaires, vols, escroqueries au milieu desquels il ne voit qu'un très petit nombre d'affaires médicales. Habitué à des interrogatoires ou enquêtes où le mensonge est souvent la règle, l'officier de police judiciaire ou le juge d'instruction reste souvent dans le même registre pour l'interrogatoire d'un médecin : le médecin devient tout de suite suspect puis délinquant, il leur paraît clair que le médecin leur ment, brouille les pistes, a un raisonnement médical qu'ils ne peuvent entendre... Ce sera donc lui, officier de police judiciaire ou juge, qui cherchera des failles supposées pour le déstabiliser.

Quant au juge d'instruction, souvent jeune, âgé de 25 ans au moins, de 35 à 40 ans en moyenne, il a des pouvoirs juridictionnels importants. Il est indépendant et décide de toutes les étapes de l'instruction. Si une expertise est à charge contre le médecin, il peut accepter ou refuser ou accepter une contre-expertise, et en cas de refus, le médecin ira tout droit en correctionnelle sur une expertise dès le départ très discutable.

C'est dire le rôle que prennent les experts dans la décision du juge. Il n'est pas du propos d'une postface de multiplier les exemples. Le Dr Grandordy en fournit de nombreux auxquels nous avons rajouté quelques cas issus de l'urologie. Soulignons simplement ici quelques comportements qui paraissent en cause dans les expertises problématiques.

C'est avec humilité que l'expert se devrait de commencer en se dessaisissant d'affaires qui de toute évidence ne sont pas de son champ de compétence. Tout le contraire de cet expert honoraire inscrit à la Cour de cassation dans la rubrique chirurgie cardiaque et pulmonaire, qui accepte une affaire de tumeur cancéreuse rare du gland qui a récidivé. Le chirurgien urologue et son service hospitalier, incriminés, ont suivi les recommandations de l'Association Européenne d'Urologie (avis d'une commission médicale pluridisciplinaire en oncologie, comportant urologues, radiothérapeutes, anatomo-pathologistes ; rendez-vous d'information pour le patient avec le radiothérapeute sur les effets néfastes possibles de la radiothérapie), tout ceci aboutit à une décision de ré-intervention chirurgicale. Le patient accepte, puis secondairement porte plainte pour cette amputation qu'il juge désormais excessive. L'expert nommé par le juge d'instruction, parachuté du monde de la chirurgie thoracique, ne retient hâtivement que certaines recommandations françaises alors que, bien entendu, l'Association Européenne a une expérience plus importante, en nombre de malades et en avis, sur la survie à long terme de cette chirurgie que leurs collègues français seuls.... Il affirme que le chirurgien urologue a commis une faute en réopérant ce malade !

L'affaire est lancée avec son lot de difficultés inutiles pour la victime et préjudiciables au médecin, alors qu'un désistement avec nomination d'un urologue aurait évité bien des contre-expertises. Les responsables sont au nombre de deux : le juge, non compétent en la matière, pour lequel tout chirurgien est un chirurgien, et qui nomme un expert en dehors du champ de sa spécialité, et l'expert qui accepte une telle mission par fierté ou intérêt.

Parfois, l'expert a un *ego* démesuré et son opinion est faite avant même le premier interrogatoire d'expertise ... Telle cette dramatique affaire où lors d'une séance d'hémodialyse le patient décède d'une embolie gazeuse cérébrale. Au lieu de s'attacher à rechercher une faute, une maladresse ou un aléa lors de cette séance même d'hémodialyse, l'expert va remonter le temps et aller rechercher la responsabilité d'un CHU, qui aurait tardé, un mois plus tôt, dans le traitement d'une pneumonie de diagnostic difficile, une pneumocystose, pour laquelle les résultats bactériologiques, de l'avis des spécialistes, sont toujours longs à obtenir.

Ce "retard" aurait donné lieu à une insuffisance respiratoire puis rénale. Les séances de dialyse nécessaires pour traiter l'insuffisance rénale et leur défaillance entraînant le décès seraient donc *ipso facto* de la responsabilité directe du CHU ! Le temps obligatoirement nécessaire à l'obtention des résultats bactériologiques de la pneumopathie n'entre pas en ligne de compte dans le raisonnement de l'expert. Supérieur, il désigne du doigt le CHU comme coupable...Quant aux conditions du branchement des canules lors de la séance même d'hémodialyse, oubliées !!!

Dans les conséquences dramatiques du choc septique, les experts ont un poids déterminant dans leurs expertises pénales : deux décès par choc septique, l'un en Bretagne, l'autre sur la Côte d'Azur, deux issues radicalement opposées :

Chaque fois un patient avec colique néphrétique sur calcul enclavé dans l'uretère. Dans les deux cas, l'urologue appelé monte en urgence une sonde urétérale - comme ils l'ont appris dans tous les services et livres d'urologie à la faculté - pour drainer les urines. Malheureusement sans succès, les deux patients décèderont d'un choc septique.

Pour le premier, l'expertise confiée à un infectiologue et à un professeur d'urologie va conclure au contraire : il ne fallait pas opérer et mettre le patient d'abord sous un bain d'antibiotiques ....!!! Avec ce rapport notre urologue était cuit... Mais, même en correctionnelle, rien n'est joué, le pire n'est pas toujours sûr : l'avocat du médecin poursuivi avait demandé pour son client une expertise supplémentaire auprès d'un spécialiste de renom, que la Cour avait bien voulu accepter d'entendre. Cet expert pût, devant la Cour démontrer le bien-fondé de la position du prévenu et rétablir la vérité. L'urologue a été relaxé ...

Pour le second patient, qui fait dans la nuit un choc septique mortel, l'expert a estimé qu'à 13:30 quand le médecin incriminé a vu son patient sans douleur ni fièvre et sans bactéries dans les urines, il aurait dû prescrire des antibiotiques puisqu'à 13:45 le choc septique est survenu...Raisonnement *a posteriori* : une fois le patient décédé, un expert sûr de son fait, vient dicter ce qu'il aurait fallu faire chez un patient qui se présentait devant le médecin incriminé, sans aucun signe de gravité et pratiquement sans aucun signe du tout. L'urologue fut condamné.

Ce que l'expert et le juge d'instruction oublient dans ce second cas, c'est qu'un choc septique, survient d'une minute à l'autre, sans véritable signe prémonitoire avec libération massive dans le sang d'endotoxines issues de bactéries très virulentes, responsables de la brutale défaillance cardiaque, respiratoire et rénale. Ce qu'ils oublient aussi, c'est qu'un patient se présentant avec aussi peu de signes cliniques que celui de cette regrettable affaire, avait toutes les chances de voir sa crise de colique néphrétique se résoudre sans difficulté en quelques heures, grâce à la sonde urétérale. C'est le choc septique qui est peu fréquent chez un tel patient, alors que l'évolution favorable est la règle, et le praticien qui a monté la sonde urétérale et n'a pas bombardé le patient d'antibiotiques a probablement agi par argument statistique raisonnable. Faire croire au juge qu'un quart d'heure d'antibiothérapie de 13:30 à 13:45, aurait sauvé le patient, et que l'urologue est fautif, est une distorsion de la vérité.

Qu'on ne se méprenne pas sur nos propos. L'expert a sans doute, à juste titre, posé la question importante de la bonne utilisation des antibiotiques dans un tel cas. Dans le cadre de la discussion médicale que le cas a certainement suscitée, et pour établir des recommandations prospectives pour les cas semblables qui se présenteront à l'avenir, son propos est légitime. Ce qui ne l'est pas, c'est que dans le contexte où il a rendu son avis, affirmer que les antibiotiques devaient être prescrits et qu'ils auraient « à l'évidence » sauvé le malade, c'est faire croire au juge que l'urologue incriminé est un assassin incompétent. Non, précisément il n'y a pas d'évidence, et les antibiotiques n'étaient qu'une possibilité, et de plus, certainement pas une solution miracle. Ce rapport d'expertise faisait, contre toute justice, contre toute réalité médicale, peser sur un individu la soit-disant responsabilité personnelle d'un acte médical, qui était de fait une réponse acceptable et légitime à un problème médical collectif non résolu. Certains experts devraient mesurer la portée réelle de leurs propos dans un contexte judiciaire ..., et non pas, tel un mauvais élève de quatrième, confondre causes et conséquences, se perdre dans l'échelle des temps, et énoncer des aphorismes qui se veulent des vérités définitives quand ce ne sont que des vérités partielles.

Il est facile *a posteriori* d'analyser en clerc de notaire les minutes et les heures au cours desquelles les soins ont été prescrits et inscrits sur les pancartes de réanimation, les posologies modifiées et gommées avec un marqueur blanc en cours de journée, ce qui fera dire aux avocats de la victime que le médecin a pu "*caviarder*" ses écritures *a posteriori*, en le présentant à l'expert puis au juge comme un incompétent doublé d'un menteur ou manipulateur …

Certains experts ne sont plus dans le raisonnement médical, mais dans l'empathie, surenchérissant sur la demande des patients. Chez cet enfant venu en France si malade qu'une bi-transplantation cardiaque et pulmonaire a été nécessaire, les traitements antibiotiques et ceux destinés à éviter le rejet des greffons (nouveaux cœur et poumons), indispensables après transplantation, ont détruit ses reins. Sa mère porte plainte contre les transplanteurs pour prescription incorrecte, sans attendre que son enfant puisse bénéficier d'une troisième transplantation, rénale. L'expert recherche et trouve la petite faille, on aurait dû doser la charge antibiotique tous les jours au lieu d'une fois par semaine, sans se préoccuper ni du coût ni du caractère obligatoire, dans ce cas-là, des antibiotiques pour éviter les conséquences de l'immuno-suppression post- greffe.

Il est donc très difficile pour le médecin, le chirurgien poursuivi de se prémunir contre de tels raisonnements d'experts, prononcés, affirmés, écrits et maintenus malgré de bons rapports (dires) produits pas des spécialistes aussi confirmés qu'eux ou plus. L'expert sûr de lui, ne doutant surtout pas, pour peu qu'il n'ait pas réussi aux mêmes concours de médecine ou aux mêmes carrières que ses expertisés, rédigera un rapport à charge, tous les dires, remarques des confrères, médecins-conseils du prévenu seront ignorés... La position de l'expert se pervertit parfois en posture.

Pour le médecin mis en cause, un décès d'un patient est un drame, il n'en dort pas souvent pendant des années, l'expert en moins de deux heures peut affirmer à charge son opinion personnelle et décréter qu'il y a faute, renvoyant devant le tribunal correctionnel ce médecin, balayant les questions délicates, ne se justifiant pas par les données de la littérature scientifique, affirmant qu'il aurait fait tel geste, appliqué telle technique sans se soucier s'il cette technique existait à l'époque du cas considéré....

Mais le harcèlement du médecin mis en examen n'est pas uniquement du fait des institutions judiciaires, loin de là.

Je veux parler des autorités sanitaires ou du Conseil de l'Ordre.

Un médecin rééducateur d'une institution recevant des enfants ayant des déficits moteurs et sphinctériens s'est vu véritablement assassiné par un rapport uniquement à charge de l'IGAS qui allait jusqu'à lui reprocher des sévices à enfants, au prétexte qu'elle leur interdisait de quitter les salles de classe avant la récréation pour aller à l'infirmerie faire leur auto-sondage !!!

Malgré les témoignages des plus grands patrons qui lui confiaient ces enfants et les suivaient en consultation, accompagnés de leurs parents, sans jamais avoir entendu de leur part la moindre plainte, l'IGAS n'a eu de cesse de détruire ce médecin exemplaire pour qu'il démissionne de son poste de médecin-directeur pour y nommer un successeur plus malléable pour l'Administration...

Ou ce Président d'un Conseil Départemental de l'Ordre des médecins qui, sur lettre de la Sécurité Sociale - pour l'exemple - entend poursuivre ce professeur de Médecine pour des honoraires qu'il juge abusifs alors que dans le même hôpital certains praticiens non poursuivis en demande le triple... Le Conseil Départemental ne suivra pas l'avis de son Président et ne portera pas plainte... Plainte qui sera néanmoins reprise dès la semaine suivante par le Conseil National, cherchant toujours à faire un exemple pour le ministère et la caisse de sécurité sociale, plainte qui ira de nouveau au Conseil Régional, qui la rejettera encore une fois ... On aurait pu, intelligemment, en rester là ...Non, le Conseil National va de nouveau - pour l'exemple - se faire "un auto-appel" de cette décision devant lui-même ! Le malheureux praticien victime de ce véritable harcèlement qui l'a traumatisé pendant plus d'un an n'aura plus qu'à porter l'affaire devant le ...Conseil d'État !!!

Il n'y a donc pas que devant les juridictions pénales que le médecin peut être poursuivi.

Devant les juridictions civiles, le débat est contradictoire, c'est-à-dire que le médecin peut librement avancer ses arguments et mener sa défense. Mais alors qu'il a fait loyalement son travail, il subira les assauts des avocats des parties, le traitant dans les réquisitions en référé ou lors de l'expertise de "charcutier", l'accusant "d'utiliser son patient comme un cobaye, de mentir ou d'être incompétent ....". Ces attaques ne sont pas moins éprouvantes moralement que l'interrogatoire d'un officier de police judiciaire ou d'un juge d'instruction, mais à la différence du pénal, il existe dans la procédure civile des garde-fous : la demande de récusation de l'expert par une partie, la désignation d'un éventuel sapiteur ou d'un second expert, les dires après expertises, le retour au tribunal des expertises qui pourra donner lieu à une absence de réinscription sur les listes de cet expert indélicat ou incompétent.

Cette procédure du contradictoire au civil devrait être, comme dans la majorité des pays européens et anglo-saxons utilisée pour l'immense majorité des affaires en responsabilité médicale. La responsabilité médicale n'a rien à voir avec le pénal, sauf dans les cas criant de meurtre ou d'erreur de côté opératoire par exemple.

Est-il logique et cohérent, en effet, qu'un médecin puisse être à la fois, poursuivi en correctionnelle, pour homicide involontaire (ce qui suppose un acte, peut-être néfaste à la santé du patient, mais en tout cas bien défini, enregistré, voire quantifié), et pour non-assistance à personne en danger, défaut d'application du principe de sécurité, et omission de porter secours (ce qui suppose que le médecin s'est abstenu de toute action) ? Dans le système français, oui, c'est possible : on reproche au médecin, d'avoir en même temps agi et pas agi, ce sont deux chefs d'accusation indépendants et additionnels ! Et de plus, cette mise en cause fait suite à la simple constitution de partie civile, c'est-à-dire à la dénonciation auprès du juge d'instruction de tout plaignant venu se déclarer victime, auquel le juge doit légalement donner une réponse favorable, quel que soit le *rationale* (parfois très discutable) de la démarche.

Avec un tel système, et la façon dont il est appliqué, tout au long de sa vie professionnelle, c'est le médecin qui est menacé d'être placé dans une situation impossible, ayant à justifier ses actes devant le patient, libre de considérer à chaque instant que son parcours médical ne lui convient pas, alors que la démarche médicale ne peut s'inscrire que dans la durée. Que de malentendus en perspective dont le médecin sera la victime...

À considérer le médecin comme un délinquant, responsabilité, à nos yeux beaucoup trop lourde à porter, il faudrait décharger les magistrats du pénal de ces plaintes et les orienter vers une procédure civile contradictoire, car les motivations des poursuites au pénal (revanche symbolique et gratuité de la procédure) ne justifient pas la dureté du système pénal qu'on impose à la profession médicale.

Bien des affaires qui n'auraient jamais dû se présenter devant les tribunaux se dégonfleraient d'elles-mêmes par le simple bon sens d'un médiateur ou une bonne information à l'époque des faits si le patient sollicitait et écoutait cette information. Ce qui, à l'évidence, épargnerait bien des souffrances injustifiées et inutiles, non pas seulement aux médecins, mais aussi aux patients eux-mêmes ou à leur famille qui les auront mis en cause.

Beatrice Grandordy décrit dans son ouvrage parfaitement le vécu du médecin mis en cause, qui ayant fait son travail loyalement, avec conscience se trouve pris dans l'engrenage de la machine judiciaire.

Son livre est un plaidoyer pour une justice conduite dans le respect du contradictoire dans le domaine de la responsabilité médicale.
La mise en œuvre de cette justice ne peut se comprendre que dans le cadre de procédures civiles et non pénales.

Les pays anglo-saxons et européens ont déjà suivi cette attitude, y aurait-il encore une exception française ?

7 Schémas

7.1 Schéma 1

Procédures de demande de réparation ouvertes au plaignant
(affaires de responsabilité médicale)

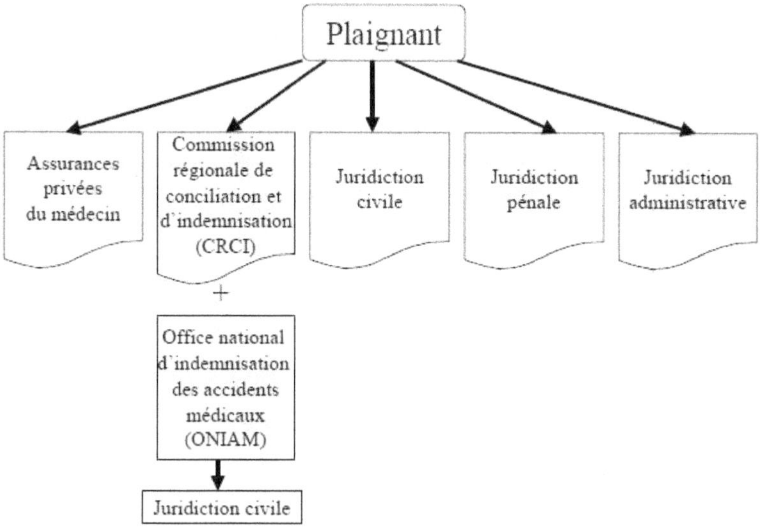

7.2 *Schéma 2*

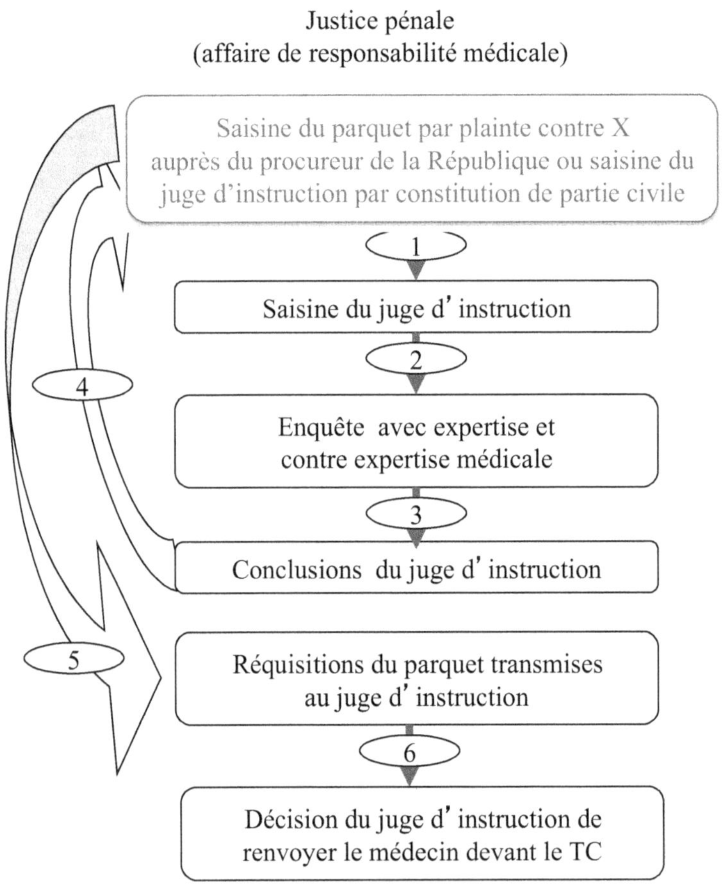

Justice pénale
(affaire de responsabilité médicale)
Saisine du parquet par plainte contre X auprès du procureur de la République ou saisine du juge d'instruction par constitution de partie civile
1
Saisine du juge d' instruction
2
Enquête avec expertise et contre expertise médicale
3
Conclusions du juge d' instruction
4
5
Réquisitions du parquet transmises au juge d' instruction
6
Décision du juge d' instruction de renvoyer le médecin devant le TC

7.3 Schéma 3

Pour mieux comprendre, on ne confondra pas.....

1) Une procédure accusatoire (civil) avec une procédure inquisitoire (pénal)

2) Un expert avec un technicien

3) Un expert avec un sapiteur

4) Une erreur avec une faute

5) Une faute pénale avec une faute civile

6) L'assignation d'un médecin devant un tribunal civil, avec la plainte contre lui devant le tribunal correctionnel (pénal)

7) Un système de compensation des accidents médicaux 'avec responsabilité délictuelle', et un système 'sans égard à la responsabilité délictuelle"

7.4 *Schéma 4*

ÉVOLUTION DU CONTENTIEUX PÉNAL TOUTES SPÉCIALITÉS ET ACTIVITÉS CONFONDUES (Médecins, non médecins, établissements) MACSF/ SOU médical www.lerisquemedical.fr

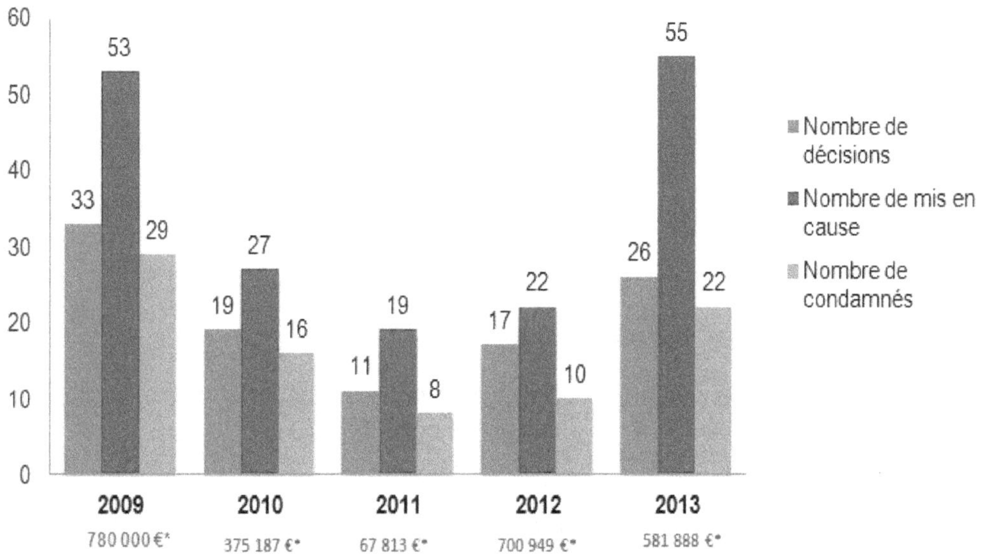

* *Le coût comprend les indemnités versées et les provisions restant à payer*

Si le contentieux pénal reste relativement exceptionnel, il ne diminue pas pour autant ces 2 dernières années.

On compte 11 décisions de condamnation, soit 40% des mis en cause. Ce taux est en baisse comparativement aux années précédentes.

Néanmoins, cette baisse doit être relativisée eu égard au faible nombre de décisions rendues.

Le contentieux pénal, dans le domaine de la santé, repose essentiellement sur des délits non intentionnels. Les praticiens et les établissements mis en cause le sont le plus souvent en qualité d'auteurs indirects d'infractions, c'est-à-dire qu'ils n'ont pas causé directement le dommage, mais y ont concouru par omission d'une obligation de faire. Or, la condamnation d'auteurs indirects au pénal suppose en théorie qu'ils aient commis une faute caractérisée d'une particulière gravité (Loi Fauchon, 2000).

On soulignera que le coût des affaires pénales atteint 581 888 € d'intérêts civils alloués en 2013, ce qui est relativement faible par rapport à 2012 où ce dernier atteignait 700 949 €. Cela peut être dû au fait que plusieurs décisions pénales concernent des affaires mettant en cause les hôpitaux publics, pour lesquels les intérêts civils sont pris en charge par l'hôpital, sauf faute détachable de la fonction.

ÉVOLUTION DE LA RÉPARTITION DES MISES EN CAUSE ET DES CONDAMNATIONS AU PENAL, PAR SPÉCIALITÉ OU ACTIVITÉ

Spécialité/ activité	Mis en cause		Condamnés		Relaxes	
	2012	2013	2012	2013	2012	2013
Généraliste	3	12		4	3	8
Anesthésiste-réanimateur	4	5	3	2	1	3
Urgentiste régulateur	2	4		2	2	2
Psychiatre		4		3		1
Chirurgien		4		3		1
Obstétricien	1	3	1	1		2
Infirmier	3	3	2	2	1	1
Pédiatre	2	3	2			3
Médecin légiste		3				3
Radiothérapeute		2		1		1
Sage-femme	3	2	1	1	2	1
Technicien de laboratoire		2		2		
Clinique	1	1			1	1

Interne	1	1			1	1
Endocrinologue		1				1
Pharmacien		1		1		
Directeur d'hôpital		1				1
Directeur ARH		1				1
Directeur DDAS		1				1
Chirurgien-dentiste		1				1
TOTAL	22	55	10	22	12	33

Parmi les peines prononcées, on compte, parfois de manière cumulative :

- 1 peine d'emprisonnement de 18 mois fermes ;
- 9 peines d'emprisonnement avec sursis, allant de 3 mois à 3 ans ;
- 7 peines d'amende comprises entre 600 et 60 000 € ;
- 1 interdiction totale et définitive d'exercer.

Nota Bene 1 : Ces données sont celles de la MACSF / SOU médical, le plus important des assureurs médicaux en nombre de contrats en France. Il existe d'autres assureurs, AXA, SHAM, etc… dont les chiffres devraient être additionnés aux chiffres cités ici, pour obtenir une vue complète du pénal dans les affaires de responsabilité médicale.

Nota Bene 2 : Le schéma et son tableau ci-dessus, ainsi que les commentaires entre les deux, sont ceux de la MACSF sur son site. Nous les avons laissés tels quels, car ils nous ont paru informatifs pour le lecteur. En ce qui concerne les médecins, nous pouvons résumer ainsi les données de ce tableau et du schéma :

Une seule et même décision peut juger plusieurs personnes (exemple : l'affaire des irradiés d'Epinal). Ces personnes peuvent être soit condamnées pour les unes, soit relaxées pour les autres, au sein d'une même décision.

En 2013, il y a eu 26 décisions pénales, mettant en cause 55 personnes (physiques ou morales).Parmi ces 26 décisions pénales, 11 ont prononcé au moins une condamnation. Ces 11 décisions ont abouti à la condamnation de 22 personnes physiques ou morales, dont 16 médecins.

7.5 *Information du Conseil de l'ordre des médecins*

Information du Conseil Départemental de l'Ordre des Médecins / Lettre informant le Conseil Départemental de l'Ordre des Médecins de difficultés rencontrées avec un patient

Vous pouvez être amené(e) à rencontrer des difficultés avec un patient dans le cadre de sa prise en charge. Il peut alors être utile de le signaler au Conseil Départemental de l'Ordre des Médecins (CDOM) afin, d'une part, qu'il puisse vous conseiller sur la conduite à adopter avec le patient, et d'autre part, qu'il dispose de ces informations en amont d'un éventuel litige ultérieur.

LES PRINCIPES JURIDIQUES

Le Conseil de l'Ordre des Médecins a pour mission de veiller *"au maintien des principes de moralité, de probité, de compétence et de dévouement indispensables à l'exercice de la médecine (...) et à l'observation, par tous leurs membres, des devoirs professionnels, ainsi que des règles édictées par le Code de déontologie, d'assurer la défense de l'honneur et de l'indépendance de la profession médicale, et enfin d'organiser toutes œuvres d'entraide et de retraite au bénéfice de leurs membres et de leurs ayants droit"* (article L. 4121-2 du Code de la santé publique). Il peut également être d'une grande aide, par ses conseils, pour le médecin rencontrant des difficultés avec son patient.

Dans quel(s) cas peut-il être opportun d'informer le CDOM de difficultés rencontrées avec un patient ?

Le Conseil Départemental de l'Ordre des Médecins peut être informé de toute difficulté rencontrée entre le médecin et son patient et/ou son entourage, par exemple en cas :

- d'antipathie entre le médecin et son patient, entravant tout dialogue ;
- de manque de ponctualité du patient à chaque consultation ;
- d'absence de courtoisie du patient ;
- d'attitude violente du patient, dans ses propos ou dans ses actes ;
- du refus du patient de régler les consultations ;
- de différends systématiques entre le patient et le médecin sur la démarche diagnostique ou thérapeutique ;
- de mauvaise observance du patient (refus de faire réaliser un examen, de suivre scrupuleusement le traitement prescrit...) ;
- de refus du médecin, dans les conditions des articles L. 1110-3 et R. 4127-47 du Code de la santé publique, de continuer à prendre en charge le patient, hors cas d'urgence, sans discrimination, après information du patient et en s'assurant de la continuité de soins...

Comment informer le CDOM ?

Si l'information du CDOM n'est pas une obligation, il est recommandé d'adresser au président du CDOM un courrier mentionnant les problèmes rencontrés, expliquant l'attitude du patient et les implications de ce comportement en termes de prise en charge. Le médecin pourra également solliciter dans ce courrier des conseils de la part du Conseil sur l'attitude à adopter avec le patient, voire un rendez-vous afin d'en discuter de vive voix. Une copie de ce courrier sera conservée dans le dossier du patient.

A RETENIR

Il ne faut pas hésiter à informer le Conseil Départemental de l'Ordre des Médecins en cas de difficulté rencontrée avec un patient en vue d'obtenir des conseils de sa part.

Références

Articles L. 4121-2 et L. 4123-2 du Code de la santé publique

7.6 La Publication n'est pas un badinage

À d'austères devoirs, cet exercice engage…

Le système des publications scientifiques ne s'est pas mis en place par hasard, ni pour répondre au goût de quelques-uns. Il correspond à un besoin qui s'est fait jour dans la collectivité médicale et scientifique, au fur et à mesure que l'évolution de la médecine s'est précisée, et il correspond aussi à la mise en pratique de plusieurs principes et valeurs, qui sont essentiels dans la démarche médicale moderne. Tout d'abord, il dénote l'acceptation de la supériorité du savoir et de la transmission du savoir par l'écrit plutôt que par l'oral. Ensuite, il porte à bon escient le nom de "publications", c'est-à-dire de ce qui est rendu "public", et qui peut être lu, commenté, débattu par autrui. Le système des publications repose sur la transparence et la clarté, car à l'écrit on délivre un contenu, souvent beaucoup moins vague ou ambigu qu'à l'oral. Publier c'est s'exposer (*"get some exposure !"* est le conseil qui est régulièrement donné aux plus jeunes), en vue de discussion constructive sur les problèmes qui se posent. Ce qui est écrit est incontournable et engage la signature de son auteur. Moins de faux-semblants, de retours en arrière, de dénégations de ses propres dires. la publication requiert la précision, la cohérence, le travail logique. Et l'écrit doit être manié avec prudence et circonspection. Il faut en accepter le message et s'y former. Une publication est avant tout un excellent stimulant pour soi-même et un excellent exercice pour apprendre à transmettre sa pensée à autrui.

Ce qu'on appelle publications dans un curriculum vitae digne de ce nom, est un corpus bien défini : il s'agit des écrits de la personne concernée, et de ses éventuels coauteurs bien identifiés, qui ont soumis leur travail à une ou des revues scientifiques (dite *journal* en anglais), et que les comités de lecture de scientifiques bien établis ont accepté de publier dans les revues pour la qualité de leur contenu. Le comité de scientifiques est appelé comité de pairs, car on estime que la candidat à la publication, comme les membres du comité sont effectivement des pairs, c'est-à-dire des personnes égales devant la science, en ce sens qu'elles sont toutes de niveau post-doctoral. Les pairs ne sont pas un corps, car la base de recrutement se fait à l'échelon international, et on peut supposer que le Dr X de Stockholm, et le Dr Y de Munich ou de Chicago, lecteurs de l'article soumis par le Dr Z de Lyon, n'ont pas d'intérêt direct mutuel à se soutenir, en terme de carrière, de finances ou d'avantages quelconques, qui les pousseraient à accepter l'article du Dr Z, en lui "faisant une fleur" dans l'attente d'un avantage en retour. On évite ainsi les inconvénients du corporatisme qui peut exister dans des groupes plus restreints, limités à un seul pays ou une seule structure. Sont signataires d'un article tous ceux, et exclusivement ceux, qui ont participé à la conception, la réalisation, l'analyse des données et l'écriture de l'article considéré. Pas de signatures de complaisance, pour ceux qui n'ont pas véritablement participé, et qui souhaiteraient laisser leur empreinte pour des raisons n'ayant rien à voir avec le contenu de l'article.

Il existe un autre verrou de contrôle dans le système des publications : c'est le lectorat de la revue lui-même, qui est en position d'évaluer le contenu de l'article, parce que c'est un contenu technique, vérifiable par d'autres, et que le lectorat est lui aussi composé de "pairs", de personne qualifiées qui auront à leur tour leur mot à dire. Que le comité éditorial d'un revue (d'un *journal*) donne dans la facilité et se laisse aller à publier des articles qui ne seront pas considérés comme valables par le lectorat, et c'est la revue qui périclitera - et rapidement -. Voilà la loi du système des publications. *Dura lex, sed lex.* Nous ne parlons pas d'ailleurs ici, de loi au sens de règle bien définie, s'appliquant dans un pays donné en un temps donné et contingente, mais plutôt d'un principe qui s'est imposé de façon universelle et semble-t-il pérenne, depuis le début du XXe siècle, et qui gagne en force avec le temps. Mais s'il s'est imposé à l'ensemble de la communauté internationale, c'est qu'elle le considère comme globalement juste et équitable, et en mesure de permettre une évaluation correcte des participants. Nous ne sombrons pas ici dans l'angélisme. Les publications ont leurs limites, leurs défauts, elles peuvent être critiquées et elles le sont. Paraphrasant Winston Churchill[50], nous pourrions presque affirmer que le système des publications en matière scientifique, est le plus mauvais de tous les systèmes à l'exception de tous ceux qui ont essayés avec le temps, depuis que la science est considérée comme un des piliers de la civilisation occidentale.

C'est un système qui, est, dans l'ordre, stimulant, formateur, constructif, globalement juste, et donc accepté, comme le montre l'adhésion que lui manifestent les scientifiques et les médecins du monde entier .Dans ces conditions, peut-on être un bon scientifique, un expert scientifique sans jamais avoir publié ? Non, il n'y a pas d'expert scientifique sans publication (la publication est la preuve nécessaire et suffisante de l'état de scientifique). C'est en ce sens que le système n'est pas bénin, car il est incontournable. De même, il n'y a pas d'expert scientifique sans maîtrise de l'anglais. En matière de publications internationales, c'est l'anglais qui règne, seul, depuis 50 ans sans discussion. Les incantations n'y changeront rien. il n'y a qu'en France, parmi les pays développés, où on ait pu voir, au printemps 2013, un groupe de députés à l'Assemblée Nationale se mobiliser pour vouloir faire imposer la loi Toubon (sur l'usage obligatoire du français) aux milieux scientifiques, au motif de défendre la langue française, alors que le temps du combat d'arrière-garde et même du baroud d'honneur sont dépassés depuis longtemps. Leur entreprise à fait long feu..., ce qui prouve que dans tous les milieux scientifiques, on est bien conscient des enjeux, mais ce n'est peut-être pas le cas de la population générale Non, il n'y a pas de vie scientifique sans anglais. Tout confrère postulant au titre d'expert scientifique en matière médicale, travaille, lit, écrit en anglais.

---

[50] *"Democracy is the worst form of Government except all those other forms that have been tried from time to time",* Winston Churchill, 11 novembre 1947, Londres, Chambre des Communes, dans *The Official Report, House of Commons (5th Series), 11 November 1947, vol. 444, cc. 206–07.*

8 Bibliographie

8.1 Bibliographie littéraire, historique et cinématographique

BRAUDEL, Fernand, *L'identité de la France*, Les hommes et les choses, tome I, Arthaud 1986, Paris, voir chapitre 1

CHATEAUBRIAND, François-René, de, *Les Mémoires d'Outre-Tombe, 1849-1850, Bibliothèque de La Pléiade*

The Correspondence of John Stuart Mill and Auguste Comte. Traduit par Oscar Haac, avec une introduction (1-32) d'Angèle Kremer-Marietti, éd. New Brunswick: Transaction, 1995

CORNEILLE, Pierre, *Le Cid*, 1637, acte II, scène 8, et *Horace*, 1640, Acte II, scène 1

DOSTOIEVSKI, Fédor, *Les Frères Karamazov, 1879-1880, Bibliothèque de la Pléiade*

DUMAS, Alexandre, *Le comte de Monte-Cristo, 1844-1846, Bibliothèque de la Pléiade*

ESCHYLE, *L'Orestie* (trilogie composée de *Agamemnon, Les Choéphores, Les Euménides*), il est surtout question ici de *Les Euménides*, 458 AEC

HUGO, Victor, *Les Misérables, 1862*

GIRARD, René, *Je vois Satan tomber comme l'éclair*, éd. Robert Laffont, 1999, Paris, voir chapitre 1

GRANDORDY, Béatrice. *Darwin, Pasteur, Koch et Freud dans le roman. Ou l'évolution et la santé dans l'imaginaire européen.* Ed. L'Harmattan Paris, 2012, 241p.

LANE, Frederic Chapin, *Venice, a Maritime Republic*, pub. Johns Hopkins University, Baltimore, 1973, traduit en français, *Venise, une République Maritime*, éd. Champs, Flammarion, Paris, 1999

MOLIÈRE, *Le Malade Imaginaire*, acte 2, scène V, 1673, Paris

MOLIÈRE, *L'École des femmes*, acte 3, scène II, 1662, Paris

PASCAL, Blaise, *Pensées*, *Trois discours sur la condition des grands,* et fragments 347, Pensée VI, dans l'édition de L. Brunschvicg, 1670, Paris

ROSTAND, Edmond, *Cyrano de Bergerac*, Tirade du nez, acte 1, scène V, 1897

SHAKESPEARE, William, *Macbeth*, 1606.

SIEYES, Emmanuel-Joseph, *Préambule à La Constitution du 22 frimaire an VIII* (13 décembre 1799)

STEINBECK, John, *Les raisins de la colère*

Blanches colombes et vilains messieurs, titre français du film de Joseph L Mankiewicz, *Guys and Dolls*, 1955

Y-a-t-il un pilote dans l'avion ? titre français du film de Jim Abrahams, Jerry Zucker, David Zucker, *Airplane* !1980

8.2 Bibliographie juridique et médicale

BOULEZ, Jacques, *Expertises judiciaires,* éd. Delmas, quatorzième édition, Paris, 2006, 302p Annick DORSNER-DOLIVET, *La responsabilité du médecin*, éd. Economica, Paris, 2006, 471p

BOULIC, Nicolas, *"Tu ne sais pas être injuste", Justice et procès dans les Euménides d'Eschyle*, Criminocorpus, revue hypermedia, 2011, URL : http://criminocorpus.revues.org/212

BRANTHWAITE, Margaret, BERESFORD, Nicholas, *Law for Doctors: Principles and Practicalities*, 2ndEdn, RSM Press Ltd., London, 2003, 88p

CALANDRI, Laurence, *Le régime contentieux des recommandations de la Haute Autorité de Santé*, Note sous Conseil d'État, 12 octobre 2009, Société GlaxoSmithKline Biologicals et Société laboratoire GlaxoSmithKline, no 322784

CANGUILHEM, Georges, *Écrits sur la médecine*, Seuil, Paris, 2002, p 48.

DUGUET, Anne-Marie, coordonateur, *Evolution récente des actions en responsabilité médicale en France, Comparaison avec l'étranger,* XIe séminaire d'actualité de droit médical, éd. Les Etudes Hospitalières, Bordeaux, 2008, 357p.

EREZ, Edna, KILCHLING, Michael, WEMMERS, Jo-Anne, (eds), *Therapeutic Jurisprudence and Victim Participation in Justice.* International Perspectives, pub. Carolina Academic Press, Durham, 2011.

GIBERT, Sabine, *Guide de responsabilité médicale et hospitalière*, éd. Berger Levrault, Paris, 2011, 611p.

GODEAU, Pierre, Pr, *Lettre sur les notes personnelles dans le dossier médical*, adressée à monsieur le Premier Ministre Lionel Jospin, en 2001 dans le cadre de la préparation de loi n°2002-303 du 4 mars 2002 relative aux droits des malades et à la qualité du système de santé, dite loi Kouchner.

GUIGUE, Jean, *Qui juge, le juge ou l'expert ? La responsabilité médicale : de la faute au risque*, Essais et recherches judiciaires, Association d'études et de recherches de l'École Nationale de la Magistrature, éd. Bergeret, 1996, 250p, p 59-63.

HECQUARD, Pierre, *Relations entre confrères = confraternité… ?,* Bulletin du Conseil de l'Ordre des Médecins, octobre 2014.

LARUELLE, François, *Théorie générale des victimes*, éd. Mille et une nuits, éd.Arthème Fayard, Paris, 2012, 213 p.

LEMAIRE, Jean-François, IMBERT, Jean-Luc, *La responsabilité médicale*, éd. PUF, Que sais-je ? Paris, 1985, 128p.

LOT de MANIQUET, Constance, *Quid des plaintes à l'Ordre contre des praticiens chargés d'un service public ?* site internet de la MACSF (Mutuelle d'Assurance du Corps sanitaire Français), Article du 13 novembre 2012.

,

LOUBRY, Nicolas, *Les nouvelles règles de procédures disciplinaires, Conseil de l'Ordre des Médecins*, site internet de la MACSF (Mutuelle d'Assurance du Corps sanitaire Français), Article du 10 décembre 2012.

MISTRETTA, *Patrick, Droit médical pénal*, éd. Cujas, 2014, Paris, 456p.

MISTRETTA, Patrick, *Les CRCI ou les désillusions du règlement amiable des litiges médicaux*, *La Semaine Juridique*, édition générale du 13 décembre 2006, I, 198.

MOUSSA, Tony (sous la direction de), *Droit de l'expertise*, éd.Dalloz, Paris, 2011, 591p.

NARVAEZ, Michèle, NOEL, Anne-Sophie, VOLPILHAC, Aude, *La Justice à l'usage des étudiants de philosophie*, éd. Atlande, Paris, 2008.

NICOLAS, Guy, *La responsabilité médicale*, éd. Flammarion, DOMINOS, Evreux, 1996, 128p.

PELLOUX, Patrick, *Urgences.... Si vous saviez*, éd le Cherche-Midi, paris, 2012, 330p.

PINCHON, François, *L'expertise judiciaire en Europe*, éd. D'Organisation, Paris, 2002, 449 p.

ROUSSEAU, Gérard, FONTBRESSIN, Patrick, de, *L'expertise et l'expertise judiciaire en France,* Etablissements Emile Bruylant, éd. Nemesis, Bruxelles, 2007, 291p.

STAROBINSKI, Jean, *Histoire de la médecine*, éd. Rencontre-ENI, Paris, 1963.

VALLANCIEN, Guy, *Peut-on soigner sans risque ?* Le Figaro, 1er septembre 2014.

WEMMERS, Jo-Anne, *Introduction à la victimologie*, éd. PU Montréal, Montréal, 2003, 224p.

WILLIATTE-PELLITERI, Lina, *La médecine à l'épreuve du risque pénal*, éd.Harmattan , collection Droit, Société Et Risque, Paris, 2014, 126p.

Pourquoi devient-on magistrat ? AJ pénal, no 11, 18 novembre 2013, p 587.

La responsabilité médicale au Canada, vers un juste équilibre des pratiques, Rapport préparé par l'association canadienne de protection médicale, août 2005, disponible sur le site de l'association www.cmpa-acpm.ca

Projet de modernisation en 38 points de l'expertise déposé auprès du Garde des Sceaux par les magistrats, mars 2011.

Les orientations actuelles de la responsabilité pénale en matière médicale (2013), Travaux de l'Institut de Sciences criminelles, vol. XXVIII, 2013, éditions Cujas, ISSN : 0248-0301.

ConseÉl d'État, Droits et débats, *Santé et justice : quelles responsabilités ? dix ans après la loi du 4 mars 2002*, Un colloque organisé par le ConseÉl d'État et la Cour de cassation les 20 et 21 octobre 2011, éd. La documentation française, Paris 2013.

8.3 Sources médiatiques : quelques articles

FAURE, Sonya, *A quel moment une erreur médicale devient-elle une faute pénale ?* Libération, 14 novembre 2014.

GAY, Michel, *Le principe de précaution, un principe tueur*, Newsrepublic, 2 septembre 2014.

GARRE, Coline, *Responsabilité médicale en justice, L'Académie veut mettre de l'ordre dans l'expertise*, Quotidien du Médecin, 27 octobre 2011, p8.

ROSIER, Florence, *Diabète de type 2, quelle prise en charge* ?, Le Monde des Sciences, 7 mars 2013, rapporte les réactions à la publication par la Haute Autorité de santé le 11 février 2013 de ses recommandations sur ce cadre nosologique.

SENNEVILLE, Valérie de, *Pourquoi les affaires de santé publique sont si dures à juger ?* Les Echos, 21 mars 2013.

VALBAY, Jean, *Témoin de Jehovah transfusé, hôpital condamné,* Le Figaro, 5 septembre 2002.

VALBAY, Jean, *Les médecins ont eu raison de transfuser*, Reuters, 5 septembre 2002.

Décès-dans-une-maternité,-anesthésiste-arrêté, LeFigaro2014/10/01.

Mort-d-un-détenu-prison-avec-sursis-requise-pour-le-médecin., Le Quotidien du Médecin, 19/09/2014.

Une caissière attaquée dans un supermarché, Décès d'un enfant au cours d'une intervention pour appendicite probable, Journaux télévisés et presse écrite de la semaine du 10 novembre 2014.

Remerciements

Nos remerciements les plus vifs vont :

- Aux vingt-sept médecins tout d'abord, (à tout seigneur tout honneur), placés dans l'œil du cyclone par le sujet même de ce court ouvrage, qui ont donné exemples, commentaires et réflexions sur la situation des médecins, et la nature de l'expertise médicale, et fourni leurs analyses générales ou ponctuelles, toutes pertinentes à la rédaction de cet ouvrage ; ainsi qu'aux quatre-vingts un confrères qui ont répondu à notre enquête pilote « *Songeriez-vous à devenir experts auprès des tribunaux ?* ».

- Aux cinq magistrats ensuite, qui ont bien voulu, soit nous faire part de leurs réflexions, leurs interrogations ou leurs doutes, soit fournir la documentation adéquate et les orientations nécessaires.

- Aux deux avocats, Maîtres Philippe Pech de Laclause et Emmanuel Gouesse, pour leurs conseils pertinents, l'efficacité de leur action, et leurs commentaires sur cet essai.

- Aux deux juristes du SOU médical/MACSF , Catherine Lamblot et Nicolas Gombault, et/aux cinq membres de l'administration du ministère de la santé, qui ont, les uns, fourni les irremplaçables statistiques, et les autres, à titre personnel et par souci d'équité, recueilli et analysé les opinions et réactions de non-médecins face aux enjeux de la responsabilité médicale.

- Tout particulièrement à Patrick Desmure et Alain Haertig, qui ont donné ici le résumé de leur inestimable expérience.

- À Jérôme Mazerat, sculpteur et dessinateur, et Alain Fonteray, photographe, qui ont mis leur talent au service de l'iconographie

Le médecin devant le juge

Table des matières

Santé et Médecine
aux éditions L'Harmattan

Dernières parutions

LES CRISES DE SANTÉ PUBLIQUE
Entre incompétence et compromissions
Furone Antonio
On regroupe, sous le même vocable de crise sanitaire, aussi bien de minables arrangements que d'affreuses tragédies avec deux constantes : incompétence et compromissions. Experts et médias agitent le spectre d'un désastre : la crise survient, avec ou sans malades. Les responsables politiques homologuent cette fable et achètent avec largesse le médicament miraculeux. Gouvernement et industriels nous présentent la note...
(Coll. Questions contemporaines, 16.00 euros, 162 p.)
ISBN : 978-2-343-05018-8, ISBN EBOOK : 978-2-336-36753-8

L'EUTHANASIE ADMISE EN SOINS PALLIATIFS
Défis humains pour les médecins
Nkulu Kabamba Olivier
Face aux euthanasies admises en Soins palliatifs, quels sont les défis humains auxquels est confronté le médecin qui accepte de les pratiquer ? L'auteur, spécialiste en éthique clinique, dévoile ces défis par l'intermédiaire de nombreux échanges épistolaires et verbaux qu'il a entretenus avec le docteur Karl, médecin belge qui accepte de pratiquer ces euthanasies dans le service des Soins palliatifs de l'hôpital où il travaille.
(13.00 euros, 124 p.)
ISBN : 978-2-343-04798-0, ISBN EBOOK : 978-2-336-36512-1

LA LOUCHE, LA BALANCE ET LA PIPE (CANCER : L'ABÉCÉDAIRE)
Vennin Philippe
Médecin, oncologue réputé, chercheur, généticien, philosophe, Philippe Vennin a déjà un cancer lorsqu'il se met à écrire cet Abécédaire. Cet ouvrage, facile de lecture, où le vocabulaire que nous utilisons au quotidien est le fil conducteur, reflète parfaitement les questionnements de l'auteur et sa réflexion basée sur la science et la philosophie.
(20.00 euros, 220 p.)
ISBN : 978-2-343-04617-4, ISBN EBOOK : 978-2-336-36573-2

LA FORCE VITALE AU CŒUR DES PRINCIPES DE LA CHIROPRAXIE
Une méthode dans l'histoire des idées et des sociétés
Jolliot Chantal - Préface de Pierre Erny
Les principes fondamentaux de la chiropraxie, méthode surtout connue pour le traitement du «mal de dos» grâce à des interventions manuelles, font référence aux fonctions articulaires, neurologiques et à la notion de force vitale. Cette notion ancienne, aujourd'hui fréquemment dénommées «énergie», est en vogue. Elle participe aux manières de penser des sociétés contemporaines où elle contribue à une compréhension symbolique de la personne dans son environnement.
(10.50 euros, 74 p.)
ISBN : 978-2-343-04939-7, ISBN EBOOK : 978-2-336-36703-3

ANTHROPOLOGIE DU MÉDICAMENT AU SUD
La pharmaceuticalisation à ses marges
Sous la direction d'Alice Desclaux et Marc Egrot
Cet ouvrage examine de multiples situations de déploiement de la pharmaceuticalisation, dans plusieurs domaines : la valeur et le paiement, l'approvisionnement, l'usage thérapeutique et l'intervention médicale. Les analyses du recours à une diversité de médicaments en Afrique et en Asie du Sud-Est montrent les effets sociaux et les effets de sens de ces extensions à la marge et permettent de mieux comprendre les rapports entre médicalisation et pharmaceuticalisation.
(Coll. Anthropologies et Médecines, 29.00 euros, 282 p.)
ISBN : 978-2-343-05253-3, ISBN EBOOK : 978-2-336-36776-7

OCULARISTES ET YEUX ARTIFICIELS
De l'Antiquité au XXe siècle
Martin Jean-Pierre - Préface du Docteur Xavier Riaud
Depuis l'Antiquité, les hommes ont cherché à compenser le handicap esthétique qu'est la perte d'un œil, à l'aide de prothèses en matériaux divers. À la Renaissance la maîtrise du travail du verre, puis de l'émail a permis de fabriquer des yeux dont le réalisme était trompeur. Ainsi cet ouvrage retrace l'évolution des yeux artificiels, et celle des ocularistes, artisans spécialisés dans leur fabrication. Une liste présentant les principaux artisans français avant 1900 complète cette monographie.
(Coll. Médecine à travers les siècles, 12.50 euros, 112 p.)
ISBN : 978-2-343-05112-3, ISBN EBOOK : 978-2-336-36787-3

ACCOMPAGNEMENT (L') DU PATIENT HOSPITALISÉ DANS L'EXERCICE DE SA SEXUALITÉ
Pour que le patient «sexe prime»
Aurrens Arnaud
Cet ouvrage interroge le rôle de l'infirmier et son évolution face à un besoin fondamental des patients, qu'est la sexualité et dont l'intimité est fragilisée par une hospitalisation longue ou régulière. Au travers d'une enquête auprès de l'ensemble de la profession soigante et d'entretiens recueillis auprès de professionnels, il tente d'éclaircir le malaise de la profession infirmière sur la thématique sexuelle.
(14.00 euros, 136 p.)
ISBN : 978-2-343-04884-0, ISBN EBOOK : 978-2-336-36463-6

NOUVELLES (LES) FIGURES DU PATIENT
Pour une autre philosophie
Tanti-Hardouin Nicolas - Préface de Jean-Robert Harlé
De la figure emblématique de l'*homo medicus* chère aux économistes de la santé, aux malades en fin de vie en soins palliatifs, en passant par les malades mentaux, la figure du patient s'est nettement transformée sous les aspirations de multiples secteurs du monde biomédical, de la santé publique et de la société elle-même. Les mutations sociales impactent fortement les mondes du soin, le regard et les représentations qu'on a du patient et la pratique clinique elle-même.
(Coll. Éthique et pratique médicales, 18.00 euros, 184 p.)
ISBN : 978-2-343-04760-7, ISBN EBOOK : 978-2-336-36427-8

STATIQUE (LA) ET SES SECRETS À L'USAGE DES OSTÉOPATHES
Bertora René
Cet ouvrage offre un regard unique et original sur la statique vertébrale et permet d'effectuer un diagnostic vrai sur tous ses déséquilibres (hernies discales, gonalgies chroniques, lumbagos, ...) Il s'agit d'une méthode exclusive qui parle de points fixes, de points mobiles, de bras de leviers; d'autant de principes mécaniques qui existent sur terre dont le corps humain est le représentant. La compréhension des principes énoncés peut servir de référence à toute thérapeutique axée sur l'harmonie et l'équilibre du corps. (Nombreux schémas et illustrations en couleur.)
(20.00 euros, 168 p., Quadrichromie)
ISBN : 978-2-343-04735-5, ISBN EBOOK : 978-2-336-36300-4

« AGATHE EST DANS LES FLEURS »
Accompagner et soutenir les parents et leurs familles dans le deuil périnatal
Lavroff-Teissiere Erika
À travers une perspective d'espoir et de réelle solidarité, ce livre nous convie à partager avec respect et dignité l'intimité du deuil de parents, ainsi que l'accompagnement humain de professionnels de santé, autour de la mort d'un enfant. Plus qu'un manuel de psychologie, cet ouvrage cherche à rendre hommage à ces enfants décédés et à leurs parents, ainsi qu'à faire reconnaître aux familles et à la société la réalité de cette douleur si profonde de la perte d'un enfant.
(19.00 euros, 196 p.)
ISBN : 978-2-343-04253-4, ISBN EBOOK : 978-2-336-36355-4

TÊTE (LA) EN DÉSORDRE
L'exposition prénatale à l'alcool
Dartiguenave Catherine, Toutain Stéphanie
Comment accueillir un enfant porteur de troubles liés à une alcoolisation pendant la grossesse ? Quatre familles racontent leur histoire : elles ont dû faire preuve de trésors d'inventivité et ont dû puiser dans leurs ressources intérieures tout en recherchant de l'aide, pour relever ce défi. Un dernier chapitre, davantage théorique, s'adresse plus particulièrement aux professionnels de l'enfance qui souhaitent approfondir leurs connaissances sur le sujet.
(25.00 euros, 240 p.)
ISBN : 978-2-343-04792-8, ISBN EBOOK : 978-2-336-36409-4

QUESTIONS DE MIGRATIONS ET DE SANTÉ EN AFRIQUE SUBSAHARIENNE
Sous la direction d'Yves Charbit et Teiko Mishima
Des experts français et japonais, spécialistes des migrations internationales ou de la santé en Afrique subsaharienne, se sont réunis en 2014 à Osaka pour faire le bilan de leurs recherches. Ils y associent en particulier démographie, épidémiologie, anthropologie, géographie, droit et science politique. Si leurs recherches convergent, les spécificités des contextes mettent en évidence la nécessité de contextualiser les analyses des comportements des individus migrants.
(Coll. Populations, 25.00 euros, 242 p.)
ISBN : 978-2-343-04674-7, ISBN EBOOK : 978-2-336-36344-8

ÉCRITS ÉPISTÉMOLOGIQUES SUR L'ANATOMIE DU XVIe AU XIXe SIÈCLE
Gros Gilles
Partant de l'héritage anatomique de l'Antiquité et du Moyen Âge, l'auteur nous invite à découvrir l'effervescence épistémologique dont l'anatomie fut l'objet du XVIe au XIXe siècle, accédant ainsi à un statut de science souveraine. Il nous révèle combien l'anatomie a marqué de son influence toutes les sphères de la connaissance et des arts, marquant de son sceau la civilisation occidentale.
(Coll. Acteurs de la Science, 35.00 euros, 344 p.)
ISBN : 978-2-343-05094-2, ISBN EBOOK : 978-2-336-36435-3

MONDE (LE) DES MICROBES
Fascinant, redoutable, rebelle
Eben-Moussi Emmanuel
Cet ouvrage retrace l'histoire de la découverte des microbes et de certaines maladies infectieuses. Puis, l'auteur questionne les Sociétés du Vivant et en particulier l'Homme dans la cogestion de son environnement et donc ses comportements à cet égard. Il analyse les difficultés de la lutte contre les différents visages du péril infectieux. Voici l'étude d'un monde fascinant, redoutable et rebelle, trop souvent réduit à une des plus grandes peurs de l'Humanité.
(24.50 euros, 248 p.)
ISBN : 978-2-343-04560-3, ISBN EBOOK : 978-2-336-36223-6

CARACTÉRISTIQUES DENTO-CRÂNIO-FACIALES DES HOMININÉS
Combes Fruitet Elsa
Ce livre décrit les caractéristiques crâniennes, faciales et dentaires des Homininés jusqu'à Homo Sapiens, en soumettant des hypothèses d'évolution en fonction du climat, de l'alimentation

ou encore de l'apparition de la culture et établit des comparaisons entre différents Homininés. L'auteur, chirurgien-dentiste, crée une corrélation entre l'héritage de certains caractères ancestraux et la pratique clinique de l'odontologie.
(Coll. Médecine à travers les siècles, 11.50 euros, 94 p., Illustré en noir et blanc)
ISBN : 978-2-343-04532-0, ISBN EBOOK : 978-2-336-36056-0

À L'ÉPREUVE DU HANDICAP, NOUVEAU REGARD SUR LA VIE
Témoignage
Rebillard Cécile
« J'ai beaucoup mûri en plus de devenir plus responsable. Je vois les choses autrement. » (...) « Accepter la maladie et le handicap a reprogrammé mon cerveau à voir la réalité en face. » Ces réflexions de l'auteur, au fil du récit, sont troublantes tant elles mêlent le sentiment intime au collectif. Comme dans *Numéro 9* (L'Harmattan, 2013) et par-delà le quotidien peu ordinaire de son enfant, Cécile Rebillard lève le voile sur le tabou qui existe encore de nos jours à propos du handicap.
(Coll. Récits de vie, série Santé et Maladie, 14.50 euros, 138 p.)
ISBN : 978-2-343-04455-2, ISBN EBOOK : 978-2-336-36074-4

MORT (LA) DANS L'ÂME
Le travail du Tré-Pas en Soins Palliatifs
Quitaud Gérald - Préface Roland Gori
Accompagner la fin de vie ne se résume pas à proposer aux sujets une escorte médicale exemplaire et compétente. Dans la promiscuité de la mort et la vieillesse rien ne peut se substituer à une certaine éthique de la rencontre pour tenter de résorber l'écart existant entre la conscience des mourants et celle des survivants. Ainsi, cette nouvelle approche de relation d'aide se propose de recourir au processus du « Très-pas ». Le but est de repérer dans l'expérience trois pas distincts et associés, permettant à certains d'accomplir leurs vies et à d'autres de se rassembler autour de ce rite initiatique.
(Coll. La gérontologie en actes, 23.00 euros, 228 p.)
ISBN : 978-2-343-03245-0, ISBN EBOOK : 978-2-336-36012-6

GUIDE DES SIGLES ET AUTRES ACRONYMES
Giroux Laurent
Les sigles, notamment dans le secteur social et médico-social, initialement fait pour faciliter la compréhension, la compliquent aujourd'hui, de par leur très grand nombre. Afin de faciliter la tâche des étudiants, des salariés des établissements et services sociaux, des bénévoles des associations, des élus, du personnel des administrations du service public et du public en général, ce guide rassemble plus de 6100 sigles.
(Coll. Défis, 20.00 euros, 278 p.)
ISBN : 978-2-343-04682-2, ISBN EBOOK : 978-2-336-36158-1

MAL DE MÈRE ET MAUX D'ENFANTS
Robert Jacques - Préface d'Olivier Revol
S'appuyant sur quarante ans d'expériences cliniques, Jacques Robert, pédiatre, décortique ici les maladies les plus fréquentes du petit enfant. Son but est d'accompagner les mères pour une prise en charge de l'enfant, quand celui-ci n'est pas comme d'habitude : - Pourquoi mon bébé pleure-t-il ? - L'éruption dentaire est-elle responsable de pathologie ? Faut-il diversifier précocement l'alimentation ? Que faire avant de consulter le médecin si mon enfant tousse, a de la fièvre, mal au ventre... ?
(Coll. Éthique et pratique médicales, 17.00 euros, 172 p.)
ISBN : 978-2-343-04066-0, ISBN EBOOK : 978-2-336-35927-4

L'HARMATTAN ITALIA
Via Degli Artisti 15; 10124 Torino
harmattan.italia@gmail.com

L'HARMATTAN HONGRIE
Könyvesbolt ; Kossuth L. u. 14-16
1053 Budapest

L'HARMATTAN KINSHASA
185, avenue Nyangwe
Commune de Lingwala
Kinshasa, R.D. Congo
(00243) 998697603 ou (00243) 999229662

L'HARMATTAN CONGO
67, av. E. P. Lumumba
Bât. – Congo Pharmacie (Bib. Nat.)
BP2874 Brazzaville
harmattan.congo@yahoo.fr

L'HARMATTAN GUINÉE
Almamya Rue KA 028, en face
du restaurant Le Cèdre
OKB agency BP 3470 Conakry
(00224) 657 20 85 08 / 664 28 91 96
harmattanguinee@yahoo.fr

L'HARMATTAN MALI
Rue 73, Porte 536, Niamakoro,
Cité Unicef, Bamako
Tél. 00 (223) 20205724 / +(223) 76378082
poudiougopaul@yahoo.fr
pp.harmattan@gmail.com

L'HARMATTAN CAMEROUN
BP 11486
Face à la SNI, immeuble Don Bosco
Yaoundé
(00237) 99 76 61 66
harmattancam@yahoo.fr

L'HARMATTAN CÔTE D'IVOIRE
Résidence Karl / cité des arts
Abidjan-Cocody 03 BP 1588 Abidjan 03
(00225) 05 77 87 31
etien_nda@yahoo.fr

L'HARMATTAN BURKINA
Penou Achille Some
Ouagadougou
(+226) 70 26 88 27

L'HARMATTAN SÉNÉGAL
10 VDN en face Mermoz, après le pont de Fann
BP 45034 Dakar Fann
33 825 98 58 / 33 860 9858
senharmattan@gmail.com / senlibraire@gmail.com
www.harmattansenegal.com

L'HARMATTAN BÉNIN
ISOR-BENIN
01 BP 359 COTONOU-RP
Quartier Gbèdjromèdé,
Rue Agbélenco, Lot 1247 I
Tél : 00 229 21 32 53 79
christian_dablaka123@yahoo.fr

646921 - Mars 2016
Achevé d'imprimer par

1livre.com
du rêve à la réalité !

www.ingramcontent.com/pod-product-compliance
Lightning Source LLC
LaVergne TN
LVHW021211061026
849535LV00008B/2673